KB002329

조선의 양반,
가정을 경영하다

조선의 양반,
가정을 경영하다

초판 1쇄 인쇄 2023년 11월 13일
초판 1쇄 발행 2023년 11월 20일

–

기 획 한국국학진흥원
지은이 김명자
펴낸이 이방원
책임편집 박은창   **책임디자인** 박혜옥
마케팅 최성수 · 김 준   **경영지원** 이병은

–

펴낸곳 세창출판사
　　　신고번호 제1990-000013호 주소 03736 서울특별시 서대문구 경기대로 58 경기빌딩 602호
　　　전화 02-723-8660 팩스 02-720-4579 이메일 edit@sechangpub.co.kr 홈페이지 http://www.sechangpub.co.kr
　　　블로그 blog.naver.com/scpc1992 페이스북 fb.me/Sechangofficial 인스타그램 @sechang_official

–

ISBN 979-11-6684-267-2 94910
　　　979-11-6684-259-7 (세트)

ⓒ 한국국학진흥원 연구사업팀, 문화체육관광부

이 책의 한국어판 저작권은 한국국학진흥원과 문화체육관광부에 있습니다. 신저작권법에 의해 보호받는 저작물
이므로 무단 전재와 복제를 금합니다.

한국국학진흥원 전통생활사총서 8

조선의 양반, 가정을 경영하다

18세기 대구 최흥원의 가사활동을 중심으로

김명자 지음
한국국학진흥원 기획

세창출판사

한국국학진흥원에서는 2022년부터 문화체육관광부의 지원으로 전통생활사총서 사업을 기획하였다. 매년 생활사 전문 연구진 20명을 섭외하여 총서를 간행하기로 했다. 올해 나온 20권의 본 총서가 그 성과이다. 우리 전통시대의 생활문화를 대중에 널리 알리고 공유하기 위한 여정이 시작된 것이다.

한국국학진흥원은 국내에서 가장 많은 민간기록물을 소장하고 있는 기관으로, 그 수는 총 62만 점에 이른다. 대표적인 민간기록물로 일기와 고문서가 있다. 일기는 당시 사람들의 일상을 세밀하게 이해할 수 있는 생활사의 핵심 자료이다. 고문서는 당시 사람들의 경제 활동이나 공동체 운영 등 사회경제상을 이해할 수 있는 자료이다.

한국의 역사는 『조선왕조실록』이나 『승정원일기』와 같이 세계적으로 자랑할 만한 국가기록물의 존재로 인해 중앙을 중심으로 이해되어 왔다. 반면 민간의 일상생활에 대한 이해나 연구는 관심을 덜 받았다. 다행히 한국국학진흥원은 일찍부터 민간에 소장되어 소실 위기에 처한 자료들을 수집하고 보존처리를 통해 관리해 왔다. 또한 이들 자료를 번역하고 연구하여 대중에 공개했다. 그리고 이러한 민간기록물을 활용하고 일반에 기여할 수 있는 방법으로 '전통시대 생활상'을 대중서로 집필하는 방식을 통해 생생하게 재현하여 전달하고자 했다. 일반인이 쉽게 읽을 수 있는 교양학술총서를 간행한 이유이다.

총서 간행을 위해 일찍부터 생활사의 세부 주제를 발굴하는 전문가 자문회의를 개최하고, 전통시대 한국의 생활문화를 가장 잘 구현할 수 있는 핵심 키워드를 선정하였다. 전통생활사 분류는 인간의 생활을 규정하는 기본 분류인 정치·경제·사회·문화로 지정하였다. 이를 기반으로 매년 각 분야에서 핵심적인 키워드를 선정하여 집필 주제를 정했다. 금번 총서의 키워드는 정치는 '관직생활', 경제는 '농업과 가계경영', 사회는 '가족과 공동체 생활', 문화는 '유람과 여행'이다.

분야마다 5명의 집필진을 해당 어젠다의 전공자로 구성하였다. 서술은 최대한 이야기체 형식으로 다양한 사례를 풍부하게 녹여 달라고 요청하였다. 특히 어디서나 간단히 들고 다니며 읽을 수 있도록 쉽게 서술해 줄 것을 부탁하였다. 그러면서도 본 총서는 전문연구자가 집필했기에 전문성 역시 담보할 수 있다.

물론 전문적인 서술로 대중을 만족시키기는 매우 어렵다. 그래서 원고 의뢰 이후 5월과 8월에는 각 분야의 전공자를 토론자로 초청하여 2차례의 포럼을 진행하였다. 11월에는 완성된 초고를 바탕으로 1박 2일에 걸친 대규모 학술대회를 개최하였다. 포럼과 학술대회를 바탕으로 원고의 방향과 내용을 점검하는 시간을 가졌다. 원고 수합 이후에는 책마다 전문가 3인의 심사의견을 받았다. 2023년에는 출판사를 선정하여 수차례의 교정과 교열을 진행했다. 책이 나오기까지 꼬박 2년의 기간이었다. 짧다면 짧은 기간이다. 그러나 2년의 응축된 시간 동안 꾸준히 검토 과정을 거쳤고, 토론과 교정을 진행하며 원고의 완성도를 높이기 위해 분주히 노력했다.

전통생활사총서는 국내에서 간행하는 생활사총서로는 가장 방대한 규모이다. 국내에서 전통생활사를 연구하는 학자 대부분을 포함하였다. 2022년도 한 해의 관계자만 연인원 132명에 달하는 명실공히 국내 최대 규모의 생활사 프로젝트이다.

1990년대 이후 폭발적으로 증가했던 일상생활사와 미시사 연구는 근래에는 학계의 관심이 소홀해진 상황이다. 본 총서의 발간이 생활사 연구에 다시 활력을 불어넣는 계기가 되기를 기대한다. 연구의 활성화는 연구자의 양적 증가로 이어지고, 연구의 질적 향상 또한 이끌 것이다. 그렇게 된다면 전통문화에 대한 대중들의 관심 역시 증가할 것으로 기대된다.

본 총서는 한국국학진흥원의 연구 역량을 집적하고 이를 대중에게 소개하기 위해 기획된 대표적인 사업의 하나이다. 참여한 연구자의 대다수가 전통시대 전공자이며, 앞으로 수년간 지속적인 간행을 준비하고 있다. 올해에도 20명의 새로운 집필자가 각 어젠다를 중심으로 집필에 들어갔고, 내년에 또 20권의 책이 간행될 예정이다. 앞으로 계획된 총서만 80권에 달하며, 여건이 허락되는 한 지속할 예정이다.

대규모 생활사총서 사업을 지원해 준 문화체육관광부에 감사하며, 본 기획이 가능하게 된 것은 한국국학진흥원에 자료를 기탁해 준 분들 덕분이다. 이 자리를 빌려 그분들께 다시 한번 감사드린다. 아울러 총서 간행에 참여한 집필자, 토론자, 자문위원 등 연구자분들께도 감사 인사를 전한다. 책의 편집을 책임진 세창출판사에도 감사드린다. 이 모든 과정은 한국국학진흥원 여러 구성원의 노력이 있었기에 가능했다.

2023년 11월
한국국학진흥원 연구사업팀

차례

집의 역할과 남성의 가사활동

가족은 오랫동안 남녀의 결합에서 시작되었다. 가족이 생활하는 물리적, 정서적 공간을 집이라고 한다. 집을 유지하고 가족을 부양하기 위해서는 남녀가 일정한 역할을 해야 한다. 그것은 집안의 가사활동과 집 밖의 사회활동으로 이루어진다. 지금까지 가사활동에 대해서는 긍정적이든 부정적이든 여성의 역할에 초점을 맞춰 접근한 글이 다수를 이루었다.

이 글에서는 남성의 가사활동에 주목하고자 한다. 그렇다고 남성을 대변하는 글은 아니다. 가사활동은 남녀의 고정된 역할이 아니라 시기별로 모습을 달리한다. 가사활동에는 남성과 여성의 주체적 욕망과 기대 및 국가와 사회의 이데올로기가 상호작용하기 때문이다. 어느 시대이든지 가족 구성원은 각자가 맡은 역할 속에서 협조하는 가운데 공존이 가능하다. 이러한 모습을 제도나 관념이 아니라 실제의 역사를 통해 보려고 한다.

현대에는 전통시대에 비해 사회의 역할이 확대되었고 집은 사적인 영역으로 축소되었다. 자본주의의 영향이 커지고, 그에 따른 사회적 성취와 가족부양을 위한 경제적 자원을 획득하기 위한 욕망이 커진 것과 어느 정도 관련이 있다. 사회에서 가족 공동체를 유지하기 위한 자원을 획득하는 가운데 가사활동의 범위와 양도 전통시대에 비해 줄어들었고 가사활동에서 남녀 의 고정적인 성 역할도 축소되어 가는 추세이다.

조선시대의 가정은 가족공동체로서의 집을 유지하기 위한 자원을 자급자족하거나 일부는 선물이나 부조 등으로 보충했 다. 집은 생활의 공간이자 생산의 공간이자 사회화의 공간이 다. 유교가 국교였기 때문에 집은 조상신을 모시는 종교의 공간 이기도 했다. 조선시대의 집은 사적인 영역과 사회적인 영역이 공존한다. 오늘날에 비해 집의 역할과 기능이 훨씬 복잡하다.

16세기 이후 양반 가옥은 안채와 바깥채로 구성되기 시작했 다. 여성은 안채를 중심으로 일했고, 남성은 사랑채를 중심으로 활동했다. 이들은 서로의 역할을 존중하는 가운데 부부유별을 실천했다. 여성의 역할이 임신과 출산, 음식과 의복 마련 등 가 족의 생존과 관련된 것에 집중된 반면 남성은 가족의 생존과 더 불어 집의 사회적 역할과 기능을 함께 수행했다.[1] 따라서 남성 의 집안 경영과 가사활동에는 사적인 영역의 활동뿐만 아니라 집의 사회적 기능도 포함된다.

조선시대 양반 남성을 대상으로 한 연구는 대체로 정치인, 관료, 사상가, 학자, 지주 등의 관점으로 접근했다. 특히 철학적 관점의 남성은 성리학적 가치관을 실천하는 가운데 학문과 도덕적 완성을 지향하는 고상한 존재로 인식되기도 했다. 양반이 수기치인을 주요한 덕목으로 여기며 스스로 더욱 완성된 존재를 지향하고자 한 측면이 있지만, 이들은 생활 현장을 외면하지 않았다.

이러한 사실은 퇴계 이황, 다산 정약용을 비롯한 여러 인물을 통해 밝혀지기도 했다. 양반은 유학을 공부하는 인문학자이자 농업을 경영하는 지주로, 국가 경영, 향촌 경영, 집안 경영의 주체가 될 수 있다. 정치, 관직, 학문, 향촌 활동을 하는 모습과 더불어 생활의 현장인 집에서의 역할이 함께 조명되어야 양반 남성에 대한 실체적이고 온전한 복원이 가능할 것이다. 남성의 가사활동에 주목해야 하는 이유이다.

집에서 이루어지는 살림살이와 관련된 다양한 활동을 가사활동으로 정의할 수 있겠다. 가사활동은 시대별로 그 내용과 범주가 달라 그 자체로 역사성을 지닌다. 조선은 성리학이 지배하는 사회였다. 성리학의 작동 양상은 국가, 향촌, 집 등을 통해 다층적으로 살펴볼 수 있지만, 그중에서도 집은 성리학의 이념을 실천하는 구체적 현장이기도 했다. 집에서 가사활동이 어떻게 분배되는지 살펴보는 것은 성리학의 실현 여부와 작동 양상을 알 수 있는 하나의 창이기도 하다.

조선시대를 들여다볼 수 있는 자료로는 조선왕조실록, 승정원일기 등의 관찰자료를 비롯하여 개인이 남긴 문집, 고문서, 일기 등이 있다. 이 가운데 개인의 일상을 시간의 흐름을 따라 미시적으로 잘 보여 주는 자료는 일기이다. 양반 가운데 일기를 남긴 인물이 상당수 있으며, 수십 년 혹은 몇 대에 걸쳐 쓴 일기가 고스란히 남아 있기도 하다. 수십 년에 걸쳐 작성된 생활일기는 양반이 집안을 어떻게 경영했는지, 남성의 가사활동 내용은 무엇이었는지 등을 일기 주인공의 시선을 따라 미시적으로 살펴보기에 안성맞춤인 자료이다. 2000년 이후 고문서나 일기 자료를 통해 양반 남성의 사생활이나 일상 및 살림하는 남성에 대한 논문과 대중서가 나오기 시작했다. 이를 통하여 법제적 연구와는 달리 가장의 역할을 확인했고, 가사노동, 자녀 양육, 가족 돌보기에 주목하는 남성의 모습을 일부 복원했다.[2]

이 책은 필자가 최흥원이 50여 년 동안 기록한 생활일기인 『역중일기』를 통해 조선 후기 남성의 가사활동과 그 의미에 대해 논문으로 작성한 것을 수정 보완한 것이다. 살림살이하는 남성의 모습이 역사의 수면 위로 올라왔지만, 집안의 경영과 가사활동의 구체적인 양상을 시간의 흐름 속에서 살펴본 글은 드물

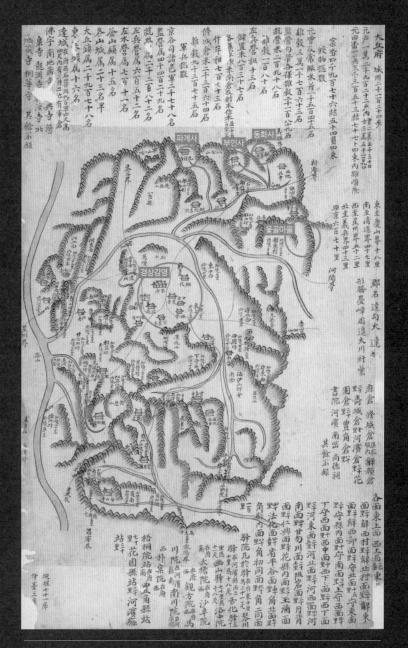

그림1 《해동지도》, 〈대구부지도〉, 서울대학교 규장각 한국학연구원

다. 최흥원은 일상과 집안의 대소사를 일기에 상세하게 기록했기 때문에 이를 통해 양반 남성의 집안 경영 양상을 시계열적으로 잘 알 수 있다. 지금부터 50여 년 동안 가사활동에 충실했던 남성, 18세기의 대구 양반 최흥원을 만나러 가자.

1

최흥원,
일기로 들여다보다

50여 년의 일상, 책력에 기록

18세기의 대구 양반 백불암百弗庵 최흥원崔興遠(1705-1786)은 30대부터 사망하기 직전인 80대에 이르기까지 50여 년간 일기를 썼다. 오늘날의 달력에 해당하는 책력冊曆 위에 일기를 썼기 때문에 『역중일기曆中日記』로 부른다.[3] 일기의 주인공은 옻골 출신이다. 옻골은 대구부 북쪽 팔공산 아래에 위치한다. 마을은 남쪽을 제외한 삼면이 산으로 둘러싸여 있다. 경주 최씨 9세 최동집崔東㠎(1586-1661)이 17세기 전반에 옻골에 정착한 이후 가계는 위남衛南(1611-1662) → 경함慶涵(1633-1699) → 수학壽學(1652-1714) → 정석鼎錫(1678-1735) → 흥원으로 이어졌다.

그림 2 올곶마을 전경

　최홍원의 아버지는 최홍원의 나이 31세(1735)에, 어머니는 최
홍원의 나이 61세(1765)에 세상을 떠났다. 최홍원의 아우로는 재
열再悅(생몰 미상), 홍점興漸(1709-1771), 홍건興建(1712-1769), 홍후興厚
(1717-1799)가 있다. 첫째 아우는 이른 나이에 사망하여 일기를
쓸 당시에 최홍원을 포함하여 형제는 4명이었다. 최홍원은 17세
(1721)에 절도사를 역임한 밀양 출신의 손명대의 딸과 혼인했다.
부인과의 사이에 2남 1녀를 두었는데, 부인은 최홍원의 나이

36세(1740)에 사망했다. 첫째 아들은 주진周鎭(1724-1763)으로, 최흥원보다 무려 23년 일찍 사망했고, 둘째 아들은 돌이 지난 1741년에 죽었다. 딸은 칠곡 석전石田의 이경록李經祿과 혼인했다.

최흥원은 18세(1722)에 생원 초시에 합격했지만, 관직으로 나아가 입신양명으로 가문의 위상을 높이는 대신 학자로서 소양을 키우고 후학을 양성하는 데 치중했으며, 옻골 최씨가 영남 퇴계학파의 주류로 편입되는 데 커다란 역할을 했다. 부양가족의 생계유지와 가문의 정체성 확립에도 기여했다.

그는 아버지를 이어 집안을 경영하는 가운데 개인의 일상뿐만 아니라 집안의 크고 작은 사건을 책력 위에 자세하게 기록했다. 일기는 31세(1735)에 아버지의 병이 위독하던 때의 일을 기록한 것으로 시작한다. 하지만 일기를 본격적으로 쓴 것은 33세(1737)부터이며, 82세(1786)에 사망하기까지 50여 년간 꾸준하게 일기를 썼다.

현재 남아 있는 『역중일기』는 최흥원이 책력 위에 직접 쓴 것을 나중에 옮겨 베낀 것으로, 모두 4권이다. 옻골 경주 최씨 종중에 전하며, 현재 한국국학진흥원 웹사이트(https://diary.ugyo. net/)를 통해 원문 이미지와 탈초본이 제공된다. 2021년에는 일기의 국역본이 간행되었다. 책력을 베껴 옮기거나 후대에 전해지는 과정에서 내용의 교정, 수정, 삭제 등이 있었지만, 일기에

그림 3 『역중일기』 권1, 한국국학진흥원

1735년 3월부터 4월 17일까지의 내용

담긴 풍부한 내용은 이미 사료로서 충분한 가치가 있다.[4]

　일기에는 다양한 인물이 등장한다. 최흥원을 중심으로 어머니, 아우, 아들, 손자, 조카, 숙모와 사촌들, 대구의 지묘智妙, 종지宗旨들, 내동의 여러 일족, 대구 원북院北[현재 대구 서구 원대동] 외가의 외숙부와 조씨 사촌들, 밀양 죽서竹西 처가의 장모와 손씨 처남들, 안동 하회의 누이동생과 매부 및 풍산 류씨 사람들, 아들 주진의 처가인 풍산 류씨 집안사람들, 현풍의 사촌누이와 곽씨 조카들, 칠곡 석전의 고모와 이씨 사촌들 및 딸과 사위, 둘째 제수씨의 친정인 안동 법흥法興 고성 이씨 집안사람들, 셋째 제수씨의 친정인 의령 신반新反의 안동 권씨 집안사람들, 막내 제수씨의 친정인 경주 하곡河曲의 오천 정씨 집안사람들, 사촌 제수씨의 친정인 구미 오산吳山의 인동 장씨 집안사람들, 그리고 최흥원이 거느린 종과 일꾼 등이다.[5]

　일기에는 이들의 일상을 배경으로 최흥원이 교유했던 인물과 최흥원의 집을 방문한 인물들과의 이야기 및 최흥원이 겪고 들은 사건들이 시간순으로 꼼꼼하게 기록되어 있다. 최흥원은 자신이 경험하거나 알고 있는 사실을 빠짐없이 기록하고자 했으며, 빠트린 것은 나중에라도 기록했다. 일기에 등장하는 인물은 최흥원과 어떤 사이고, 이름은 무엇인지 가능한 객관적으로 기록하고자 했다. 일기는 단순히 최흥원 개인의 사적이고 내

밀한 기록이 아니라 공적인 성격이 반영되었기 때문이다. 일기에는 '기록해야 한다는 의식'이 강하게 작동하고 있다. 그렇다고 무미건조한 사건의 나열만은 아니다. 50여 년 동안 겪은 무수한 기쁨과 슬픔 및 뜻대로 되지 않는 세상살이에 대한 회한이 객관적인 기록 사이사이에 잘 스며 있다.

최흥원이 기록에 충실한 것은 집을 경영하는 가장의 역할 가운데 하나로 볼 수 있다. 조선 후기의 몇몇 일기는 대를 이어 작성하며, 그 가운데는 가장이 집안일과 일기 쓰기를 자녀에게 맡긴 경우도 있다. 최흥원은 아들이 일찍 죽고 손자도 어려서 집안일을 물려주지 못한 가운데 죽는 날까지 일기를 작성했다. 67세(1771)부터 82세(1786)의 일기는 빠진 달도 있고 이전의 기록에 비해 내용도 소략한데, 이는 기력이 쇠해진 것과도 연관이 있을 것이다. 최흥원은 죽을 때까지 가장의 역할에서 자유롭지 못했으며, 집안일의 기록에도 최선을 다했다.

퇴계학파로서의 정체성 확립

대구는 오늘날 도청에 해당하는 경상감영이 설치된 이후 중앙의 영향력이 경상도의 다른 고을보다 강했다. 인조반정 이후

권력은 주로 서인 혹은 노론이 장악했는데, 이들은 그 외연을 확대하고자 했다. 17세기 후반부터 대구에는 서인 가문이 등장하는데, 이들은 집권세력 혹은 지방관과 결탁하는 가운데 그들의 입지를 강화했다. 옻골 최씨와 혼인한 적이 있던 대구의 옥천 전씨와 인천 채씨 등도 이미 서인으로 전향했고, 최홍원의 조부 최수학은 모함을 받아 전라도 운봉으로 귀양을 가는 등 지역 사회에서 남인 성향의 양반에 대한 탄압과 회유가 있었다.[6]

이러한 분위기에서도 최홍원은 당대 영남의 핵심 인물들과 교유하는 가운데 퇴계학파로의 정체성을 분명히 했다. 17세기 영남 퇴계학파의 주요 인물 가운데 한 명이 갈암 이현일이다. 최홍원은 30대에 이현일의 문인인 병곡 권구(1672-1749)와 제산 김성탁(1684-1747)을 방문했다. 권구와 김성탁은 지역에서 학문적으로 이름을 날렸지만, 노론 정권하에서 이현일의 문인 혹은 이현일의 신원 활동을 한 이유로 어려운 상황에 직면했다. 최홍원이 이들을 방문한 것은 퇴계학파로서 정치적, 학문적 입장을 분명하게 하겠다는 의지가 반영된 것으로 판단된다.

일기에는 최홍원이 평생 교유한 학자들이 등장한다. 대표적인 인물로는 눌은 이광정(1674-1756), 치재 조선적(1697-1756), 강와 임필대(1709-1773), 대산 이상정(1711-1781), 소산 이광정(1714-1789), 난곡 김강한(1719-1779), 후산 이종수(1722-1797) 등이다.

최홍원은 40대에 이상정을 만난 이후 그와 평생 교유가 이어졌다. 이상정은 18세기 퇴계학파의 대표적인 인물 가운데 한 명으로 언급되는데, 최홍원과 이상정의 교유는 옻골 최씨가 영남 퇴계학파의 주류로 편입되는 결정적인 계기가 되었다. 최홍원의 문집인『백불암문집』에는 397통의 편지가 실려 있으며, 이 가운데 이상정과 주고받은 편지가 53통으로 가장 많다.[7] 1746년 9월 22에 최홍원이 이상정의 집을 방문했고, 1748년 1월 13일에는 이상정이 최홍원을 방문하여 열흘 정도 머물다가 1월 22일에 돌아갔다. 최홍원은 이상정과 함께 공부하고 싶었는데, 그가 방문하여 머물겠다고 하여 매우 기뻐했으며, 평소 궁금했던 것들을 이상정과 토론했다. 두 사람은 부인사와 동화사를 비롯하여 입향조 최동집의 흔적이 남아 있는 부인동의 농연籠淵 등을 둘러보았다. 이후에도 서로 방문하거나 편지로 심心, 의義, 가례家禮 등에 대해 의견을 나누었다.[8]

최홍원은 안동의 이상정, 예천의 박손경(1713-1782)과 더불어 '영남삼로嶺南三老'로 칭송될 만큼 학문적으로 인정을 받았다. 영남의 인재들이 최홍원에게 와서 배움을 청하기도 했다. 이상정은 아들 이완을 최홍원에게 보내어 수학하도록 했다. 최홍원의 문인록인「급문록及門錄」에는 문인 122명의 성명, 출생 간지, 본관, 거주지, 간단한 이력 등이 기재되어 있다. 대구, 안동, 칠곡,

그림 4 『백불암문집』, 한국학중앙연구원 장서각 소장

백불암서생문집은 1-4권, 상·중·하권 총 7권으로 이루어
져 있다.

밀양, 경주 등 영남의 16개 고을에서 최흥원에게 배우러 왔고,
서울에서 온 인물도 있다.[9]

　　1770년에 영조는 반계 유형원(1622-1673)이 쓴 『반계수록』
을 경상감영에서 목판본으로 간행토록 했다. 그때 영남의 이름
난 학자들에게 교정을 맡기라고 했다. 경상감사 이미李瀰는 지
역 양반의 의견을 수렴하여 최흥원에게 교정을 맡겼다.[10] 최흥
원의 학문적 위상을 확인할 수 있는 지점이다. 최흥원은 자신이
평생 구축한 학문적 위상과 관계망을 후손에게 물려주었다. 이
는 옻골 최씨의 사회적 자산이기도 하다.

아내의 빈자리, 첩을 들여야 하나?

　최홍원은 36세(1740)에 부인과 사별한 이후 평생 혼자 살았다. 35세에 아내가 둘째 아들 용장龍張을 순산하는 기쁨을 누렸지만, 아들이 태어난 지 1년 만에 부인이 죽었다. 최홍원보다 47년 앞서 세상을 떠났다. 전통시대 여성은 출산 후유증으로 사망하는 비율이 높았다.

　최홍원은 집을 경영하는 데 안살림을 책임져 줄 아내가 일찍 사망했지만, 재혼하지 않아 애로사항이 많았다. 아내가 사망한 다음 해인 1741년 1월 1일 새해에 가장 먼저 떠오른 심상은 아내 없이 홀아비가 된 자신의 처지였다. 그는 새해를 맞이하니 홀아비의 심정이 즐겁지 않았다고 고백했다. 3월 13일은 둘째 아들의 생일이었는데, 낳은 어미가 있지 않으니 참으로 슬프다고 했다. 아내가 죽은 이후 최홍원의 외롭고 쓸쓸한 심정이 일기 곳곳에 묻어났다

　보리가 덜 익어서 조도調度[경비]가 아주 구차하고 가난하다. 이럴 때는 더욱 홀아비의 괴로움이 심해지는 것을 깨닫는다.

　　　　　　　　　　　　　　　　　　— 1751년 5월 22일

28

정신이 어두워 아내의 제사를 잊고 재물을 미리 마련
하지 못했다. 기운과 넋이 쇠약하고 빠졌으니 오래 살
수 없을 듯하다. 집안 살림을 물려줄 대상도 없고 일을
대신할 사람도 없으니 어찌하고 어찌하겠는가?

— 1771년 4월 3일

최홍원은 규모 있는 살림을 하지 못하는 홀아비의 처지를
괴로워했다. 그는 평생 혼자 외로움을 견디며 가정을 이끌었는
데, 믿고 의지하던 첫째 아들마저 최홍원이 59세(1763) 되던 해
에 사망했다. 나이가 들어서는 더욱 기력이 떨어졌는데도 여전
히 살림살이를 책임지는 가운데 아내의 기일을 잊어버리기도
했다.

최홍원 일상의 중심에는 늘 어머니가 있었다. 아내의 부
재는 어머니를 모시는 데 여러 가지로 불편할 수밖에 없었다.
1741년에 전염병이 유행하여 집을 떠나 임시 처소에서 머물다
가 철수할 때 집에 어머니를 봉양할 주부가 없어서 우선은 둘
째 아우 집에 어머니를 머물게 했다. 1743년의 어머니 생일에
도 아내가 없어 잔칫상을 잘 차리지 못했고, 생선과 고기 장만
은 둘째 아우에게 맡겼다. 홀아비로서 곤궁하여 자식의 직분을
다하지 못하는 자신의 처지를 거듭 한탄했다.

아내가 죽은 지 두 해가 지나자 슬슬 중매 이야기가 나왔다. 류춘삼 군이 최홍원을 위해 최후숭 집에 중매하려고 했다. 최홍원은 그의 정의는 두터우나 이는 자신을 모르고 한 일이라고 하면서 거절 의사를 밝혔다.[11] 그는 어머니를 모시는 데 안주인이 없어 불편했지만, 아내의 빈자리를 채우지 않았고 불편함을 있는 그대로 받아들였다.

1748년부터 주변에서 더욱 적극적으로 최홍원에게 첩을 들이라고 했다. 아내 없이 어머니의 병치레를 돌보는 형의 처지를 보다 못한 둘째 아우가 안동의 류대남 집에서 첩을 구하여 최홍원에게 권유했으나, 최홍원은 이를 거절했다. 아들의 마음이 꿈쩍하지 않자 이번에는 어머니가 나섰다. 어머니는 여성의 자질이 그럴듯함을 듣고는 최홍원에게 적극적으로 맞아들이라고 했고, 셋째 아우도 어머니의 말씀을 따르지 않을 수 없다는 뜻으로 형한테 간곡하게 권유했다. 효자였던 최홍원은 어머니의 뜻을 거스를 수도 없어 고민했지만, 첩을 둔다면 본인의 처지가 더욱 험악해질 것 같았다. 최홍원 집에서는 첩을 들이는 일로 반년 이상 이야기가 오갔다. 최홍원은 어머니의 말이 은근하고, 아우들도 힘써 권했으며, 친구들도 최홍원의 고집을 탓하자, 어떻게 처신하는 것이 옳은지 마음이 조금은 흔들렸지만[12] 결국 첩을 들이지 않았다.

어머니의 환후는 다행히 심해지지 않았다. 어머니를 집으로 모셨으나 아침저녁 진지상의 반찬이 둘째 아우 집에 계실 때만 못하니 매우 애가 타고 마음이 절박하다. 죽고 싶도록 가련한 나의 사정을 누가 알겠는가. 막내아우가 다음 달 초이틀부터 그의 아내를 별거시키려고 하니, 이제부터 어머니 주방을 돌볼 사람이 없다. 모두가 내가 박덕하고 불효하기 때문이니, 옛사람에게 부끄럽고 스스로 몸 둘 바를 모르겠다. 연꽃과 국화를 모종하여 치자 화분과 함께 늘어놓고, 이 세 가지 식물로 벗 삼아 때때로 근심과 어지러운 일을 잊어 볼까 한다.

— 1747년 5월 30일

최홍원은 아내가 없어 어머니를 제대로 모시지 못하는 자신의 어지러운 마음을 때로는 공부로, 때로는 벗들과 어울리면서, 때로는 좋은 경치를 보면서 달랬다. 화단에 정성을 쏟은 것도 그 가운데 하나이다.

오늘날 단독주택에서 부부가 방을 따로 사용하는 경우는 있지만, 정원을 별도로 가지는 경우는 거의 없다. 조선시대 양반가의 남성과 여성은 거주 공간을 달리했기 때문에, 각각의 정원을 가졌다. 물론 안채의 정원을 살뜰하게 가꾼 경우는 보기 힘들고, 대체로 사랑채 정원을 잘 가꾼 기록이 남아 있다. 남성의 문집과 일기에서 꽃과 자연에 대한 서정성이 드러나는 경우가 많은데, 이는 시인이자 유학을 공부하는 양반의 인문학적 감성이 공간에 표출되었기 때문이다.

최흥원의 화단은 계절마다 즐길 꽃들을 염두에 두고 조성되었다. 집 동쪽에는 고목이 된 매화나무가 있는데, 할아버지가

그림 5   최흥원의 집
'백불암고택'으로 불린다

심은 것이다. 해마다 가장자리에 잔떨기 꽃이 피어 사랑스럽고 또한 추억에 잠기게 했다. 이른 봄 눈보라가 겨울철과 다름이 없으나 뜰 앞의 매화가 꽃망울을 틔우려고 하여 왕성하게 생동하는 기운을 느끼기도 했다.

1744년 3월 4일에는 뜰에 작은 화단을 만들도록 했는데, 국화를 심을 요량이었다. 다음 날 봄비가 그쳐 나비가 꽃을 찾아들고 사방의 산이 초록빛을 띠어 최흥원의 혼란스러운 마음도 자연스럽게 풀렸다. 3월 21일에는 국화 40포기를 마루 앞에 심어서 가을철 눈요깃거리로 삼고자 했으나 생기가 크게 줄어들어서 아쉬웠다. 최흥원은 감나무 접붙이기도 했는데, 세 그루가 모두 살아서 정감을 느꼈다. 두 그루는 담장 안에 있고, 한 그루는 동쪽 계곡 위 종 아당의 집 뒤에 있었다.

최흥원의 조력자들

최흥원의 아우들은 혼인한 이후에 각각 독립된 공간에서 살았다. 일기가 시작될 때부터 둘째 아우는 최흥원과 다른 집에서 살았다. 셋째 아우는 최흥원이 39세(1743) 되던 해에 독립했다. 최흥원은 1742년부터 셋째 아우의 집을 짓기 시작했다. 1월

16일에 집터를 닦았고, 19일부터 집을 지었다. 최홍원은 목수를 보내어 대청을 지을 목재를 베어 오도록 했다. 집의 방향은 임자子를 기준으로 좌향으로 했다. 25일에는 집의 기둥을 세우고 들보를 올렸다. 집 짓는 일 때문에 종들과 소와 말이 날마다 일을 하고 나무를 운반하느라 농사일에 방해가 되어서 답답했다. 2월 1일에도 나무를 운반하도록 했다. 소들이 많이 상했다는 소식을 들었지만 어쩔 수 없었다. 2일에 서까래를 얹고, 5일에 지붕을 덮을 계획이었다. 2월 5일에 목수에게 일값으로 2냥을 주었는데, 이전에 준 것과 합치면 총 4냥과 겉벼 7말이었다.

사랑채는 1년 뒤에 짓기 시작했다. 1743년 2월 22일, 최홍원은 서숙庶叔에게 목수 중을 거느리고 도장동에 가서 아우 집 사랑채에 쓸 나무를 마련하라고 시켰다. 2월 25일에는 부인동, 백안동, 학부동에서 사랑채에 쓸 나무를 운반해서 왔다. 최홍원은 이들에게 술과 밥을 먹여서 돌려보냈다. 26일부터 사랑채 터를 다졌다. 3월 1일 또 아랫마을에서 소 6마리를 빌려 서까래에 쓸 나무를 운반했다. 3월 10일에 들보를 올렸고, 16일에 흙을 올리고 이엉을 덮었다. 그 와중에 홍우정이 관찰사의 지시로 최홍원에게 서까래로 쓸 나무를 구했으므로 어쩔 수 없이 조금 주었다.

3월 28일부터 다시 셋째 아우의 집 짓는 일을 시작하다가, 4월 19일에 멈추었다. 본격적인 농사철이 시작되었기 때문이

그림 6 김홍도, 《단원 풍속도첩》, 〈기와이기〉, 국립중앙박물관

다. 최흥원은 목수 중 쾌심에게 품삯으로 13냥을 주었다. 가을부터 다시 집을 지었다. 10월 19일에는 두껍고 질긴 종이 3묶음을 사서 집의 벽을 발랐다. 10월 21일에 셋째 아우의 새집이 대충 완성되었다. 최흥원은 제수씨한테 새집에 가서 자도록 했다. 최흥원은 셋째 아우의 집을 정성껏 지어 주었지만, 막상 아우와 따로 살게 되니 마음이 즐겁지 않았다. 독립하는 아우에게 종들을 자녀들처럼 아끼라는 뜻으로 말해 주었다. 11월 3일 셋째 아우 집에 시렁을 얹고, 바깥방 횃대도 만들어 주었다.

막내아우는 최흥원이 42세(1746) 되던 해에 독립했다. 3월 13일 경산에서 여섯 칸짜리 가옥의 재료를 구입하여 48마리 말로 운반했다. 류상일과 함께 막내아우의 집터를 보았다. 셋째 아우 집 서쪽이 좋은데, 막내아우가 마음에 들지 않는다고 하여 계획을 추진하기가 어려웠다. 3월 20일부터 막내아우가 집 짓는 일을 시작했으며, 6월 2일에 독립했다.

이제 형제들이 따로 살고 집에는 최흥원과 어머니 및 자녀들만 살게 되었다. 최흥원의 가장 큰 걱정은 어머니의 주방을 챙길 사람이 없어지는 것이다. 어머니의 봉양은 주로 최흥원이 담당했지만, 동생들도 어머니의 봉양을 도왔다. 최흥원이 사정이 생기거나 전염병이 돌면 아우들이 어머니를 모시기도 했으며, 어머니가 가끔 동생들 집에 머물기도 했다.

최홍원 4형제는 어머니를 봉양하는 가운데 일상과 경제를 공유했다. 경제권의 상당 부분은 어머니가 가지고 있었고, 이에 대한 관리와 분배의 중심에는 최홍원이 있었다. 1746년 5월 20일의 일기를 보면, 최홍원의 어머니가 자녀들을 위하여 전답과 노비 문제를 처리하고자 했다. 어머니는 최홍원에게 전답의 우열을 구별하고 사실대로 문서를 작성해서 달라고 했다. 최홍원은 셋째 아우를 시켜 초안을 작성했다. 최홍원의 어머니가 자녀들에게 재산을 나눠 주기 위해 작성한 것으로 짐작된다. 최홍원집의 범위는 최홍원과 자녀로 이루어진 가족, 어머니와 그의 자녀들로 이루어진 가족, 조부와 그의 후손들로 이루어진 가족이 중층적인 구조를 이루었으며, 경제 역시 독립적인 부분과 공유하는 부분이 공존했다.

최홍원이 25세에 과거에 응시한 이후 집으로 돌아와 보니, 둘째 아우 홍점의 병이 위중했다. 과거 준비에 골몰하느라 동생을 돌보지 못한 자신을 반성한 이후, 최홍원은 더는 과거 시험을 치르지 않았다.[13] 최홍원의 일상은 가족부양을 비롯한 집안 경영과 가사활동, 문중활동, 마을경영 및 사회적·학문적 교류 등으로 채워졌다.

최홍원 4형제는 각각 독립적인 공간에서 생활했지만, 최홍원의 조력자이기도 했다.

오늘 막내아우를 시켜 다시 경산에 가서 끝내지 못한
대臺의 흙일을 감독하도록 했다. 나는 말을 달려 북산
에 들어갔는데, 동촌의 장정 수백 명이 이미 와 있었다.
우각사牛角砂를 거의 반쯤 조성하도록 해 놓고, 둘째 아
우를 남겨서 대의 일을 감독하게 했다.

— 1748년 8월 16일

막내아우가 거둔 보리를 점검하기 위하여 해안들에 나
갔다. 9마지기 밭에 11섬이 나왔다. 일찍이 없었던 수
확량이다.

— 1755년 5월 14일

둘째 아우, 셋째 아우, 막내아우와 함께 지묘 문중 회의
에 참석하러 갔다.

— 1757년 9월 9일

최흥원은 집안일을 비롯하여 문중과 지역사회와 관련된 일
들을 동생들과 함께했다. 일기에는 "둘째 아우 집의 소가 갑자
기 병이 든 것 같아서 우리 집의 소를 시장에 팔도록 했는데, 과
연 뜻대로 될지 모르겠다"라는 내용이 나온다.[14] 형제들은 집,

토지, 소 등 독립적인 재산을 가지고 있는 가운데, 최흥원과 함께 농업을 경영했으며, 최흥원으로부터 경제적 지원을 받기도 했다.

> 25냥을 둘째 아우와 막내아우에게 보내서 나눠 쓰게 했다.
>
> — 1761년 1월 30일

> 막내아우를 중심中心에 들여보내서 의고義庫를 열어 겉벼와 보리 약간씩을 각 아우 집에 나누어 보내게 했다.
>
> — 1762년 3월 18일

> 궁색함이 더욱 심한 사람은 이달부터 시작하여 동일하게 곡식을 나누어 주었는데, 단지 첫째 아우, 둘째 아우, 막내아우뿐이다.
>
> — 1763년 2월 1일

최흥원은 수시로 아우들에게 돈과 곡식을 주었다. 아우들은 이것으로 생활하는 한편, 그에 대한 반대급부로 어머니를 함께 모시고 집안일을 분담했다.

최홍원의 조력자로 사촌 아우들도 있다. 최홍원의 사촌은 좀 더 외곽에 있는 '최홍원의 집' 범주에 속한다. 최홍원은 1742년 2월 19에 사촌 아우에게 같이 살자고 제안했다. 그가 양식이 떨어져서 빚을 줄여 주기 위해서였다. 사촌 아우가 이사하는 데 어머니의 분부로 돈 10꿰미를 주고 종 태걸과 보장을 내어 주기도 했다.[15] 사촌 아우들도 최홍원에게 돈이나 곡식을 얻는 대신 들에 나가서 농사를 감독하거나 최홍원이 시키는 일을 했다.

그 외 인동 할아버지와 서숙도 주요한 조력자이다.

인동 할아버지에게 수고비를 주지 않을 수 없기에 돈 2냥과 물고기 1두름을 주어서 돌려보냈다.

— 1741년 12월 28일

남보석南補石 역시 이날 초례를 치른다고 하는데, 손씨 집 여식이라고 한다. 서숙에게 가 보도록 했다.

— 1743년 11월 13일

목화 3근을 급히 씨를 발라내도록 하여 서숙에게 가지고 가서 양 서방 초상을 조문하게 했다.

— 1743년 11월 24일

최홍원은 가장으로 집을 둘러싼 다양한 일을 했다. 그런데 집안일이 너무 많아 최홍원 혼자 다 할 수 없었다. 최홍원은 주로 지휘 감독했고, 아우들, 사촌 아우들, 아들, 인동 할아버지와 서숙 등은 최홍원의 조력자였다.

학자와 지주 사이에서

최홍원은 공부할 때 '즐겁다'는 표현을 자주 했으며, 독서로 소소한 재미를 찾는다고 했다. 1747년 7월에는 여러 날 벗들과 공부했다. 22일, 최홍원 집에 벗들이 모였으며, 23일에는 임중징과 퇴계 이황의 사칠이기논변四七理氣論辨을 강론했다. 24일에도 공부가 이어져 벗들과 이기理氣에 대해 즐거운 마음으로 강론했다. 25일에는 어머니가 아파서 애타는 가운데도 벗들과 낮에는 이기를 강론하고 밤에는 가언嘉言을 독송했다. 26-27일은 이황의 문집이나 이기론의 호발互發과 이동異同에 대한 설說을 공부했다. 최홍원은 매일 '즐겁다'는 표현을 했으며, 벗들과 헤어진 이후에는 함께 공부한 것과 읊은 시를 모아 책을 만들었다.

최홍원은 시 짓기를 좋아하여 일기에는 상당수의 시가 있다. 1743년 5월 18일, 외출했다가 돌아오니 최홍원의 집에 머물던 구군칙이 이미 돌아가고 없었다. 최흥원은 얼굴을 마주하고 작별하지 못하여 서운했는데, 구군칙이 돌려보낸 말 편에 그의 편지가 있었다. 거기에는 시도 한 편 있었다. 최흥원은 곧바로 차운하여 시를 지었다.

최흥원은 지식인으로 학문을 연마하고 본성을 함양하고 싶었지만, 가족을 부양의 책임을 외면할 수 없었다. 하루는 어머니의 병환 가운데 조용히 책방에 머물면서 성찰의 시간을 가졌다. 끝내 입과 배를 위해서 수고로울 뿐이고 본성을 기르지 않는 자신을 발견했다. 그는 절구 한 수를 읊으며 속내를 드러내었다.[16]

맑고 따뜻했다. 어머니의 환후는 다행히 심해지지 않았으나 팔의 통증이 한결같고 아침저녁으로 드시는 진지가 크게 줄었으니, 매우 애가 타고 마음이 절박하다. 인발이 소금을 실어 왔다. 문희에게 집으로 인솔해 가서 서둘러 장을 담그도록 했다.

— 1747년 3월 2일

날이 밝기 전에 아이 항진이 두락 산소 일로 의송을 올리기 위해 부중에 들어갔는데, 아직 돌아오지 않았다.

돌아보면 내 자신이 배우지 않고 불효한 때문에 가문
의 전통이 날로 쇠퇴하여 지금 상중喪中에 있으면서 많
은 일이 뜻대로 되지 않음을 겪고 있으니, 차라리 내가
죽어서 몰랐으면 좋겠다. 통곡한들 어찌하겠는가.

— 1766년 7월 6일

일기에는 학자로서 수양의 길을 원하는 내면적 욕망과 가장
으로서의 현실적 책임 사이의 고민이 잘 드러난다. 최홍원은 내
면과 현실 사이에서 갈등을 겪었지만, 한 번도 일탈하지 않고
끊임없는 집안일에 마지막까지 성실했다.

최홍원은 영남 지역의 동향이라던가 지방관의 교체 소식은
일기에 기록했다. 그렇지만 향촌 활동에는 거의 참여하지 않았
다. 그는 대구 향교의 교임으로 추천되었지만, 대구부와 향교에
거듭 거절 의사를 밝혔다. 1747년 11월 19일에는 대구 수령이
지역 양반들의 추천으로 최홍원을 경학 훈장에 임명했지만, 최
홍원은 바로 사임 단자를 써서 수령에게 전했다.

최홍원은 외출도 자제했다. 이러한 인식이 잘 드러나는 대
목이 있다. 1739년 2월 초 손군묵이 처가에 가는 길에 최홍원에
게 들렀다가 4월 6일에 다시 집으로 돌아가는 길에 최홍원을 방
문했다. 최홍원은 농담으로, "그대는 어버이를 모시고 있는 사

람이 아닌가? 어찌 그렇게 오래도록 집을 떠나 있는가? 효성이
처자식으로 인하여 쇠해진다는 것이 이를 이르는 것이 아니겠
는가?"라고 하니, 손 군이 부끄러운 기색을 띠었다고 했다.

가족의 생계를 위해 농사를 관리 감독하는 것도 최흥원의
중요한 일과였다.

> 하상河上[하회] 누이의 논을 팔아 25냥을 보냈다고 한다.
> 두애가 보러 왔기에 논 파는 일을 지시했다. 종들에게
> 명령하여 오늘부터 전답을 갈도록 했다.
>
> — 1749년 2월 6일

> 목화에 굼벵이가 생겨 뿌리를 먹고, 큰놈은 올라와 줄
> 기까지 먹어 치우고 있으니, 수확이 크게 줄어들 것이
> 틀림없다.
>
> — 1743년 5월 28일

> 흐리고 비가 내렸다. 어머니의 병환은 여전하고 입부
> [세째 아우]의 병도 한결같다. 애가 타고 마음이 절박하
> 다. 양식이 오랫동안 떨어져서 뭇 식솔들이 굶주림을
> 호소한다. 며느리를 생각하니 더욱 불쌍하다. 그러나

가난한 집의 소원은 오직 아이들이 공부를 잘하기를
바라는 것뿐이다.

— 1748년 3월 29일

　최홍원은 지식인이자 학자로서의 삶보다는 식솔들의 끼니
를 걱정하고 농사를 관리하며 자제들의 출세를 위해 노력하는
일상이 우선이었다. 그에 따른 번뇌가 삶을 관통했지만, 내면의
욕망보다는 현실적 책임에 더욱 충실했다. 50여 년 동안 종손
과 가장으로 날마다 자신이 수행한 역할과 집을 둘러싸고 전개
된 다양한 이야기를 일기에 꼼꼼하게 기록했다. 일기는 자신의
역할과 활동에 대한 성실한 보고라고 할 수 있다. 일기를 통해
최홍원의 집안 경영과 가사활동의 내용과 실상을 확인할 수 있
는 것은 당연하다.

2

집안 경영,
나눔과 정성에
기반하다

나눔과 호혜의 일상생활

칼 폴라니Karl Polanyi는 '인간의 경제행위 가운데 상호배려의 정신에 입각한 호혜성의 원리, 나눔의 원칙으로 재분배의 원리가 작동하는 경제'를 '사회적 경제'라고 했다. 이는 개인의 이익보다는 지역 공동체의 이익 및 연대와 통합을 최우선 가치로 하는 공동체 자본주의 또는 나눔과 호혜의 경제라고 할 수 있다.

사회적 경제는 시민, 생산자, 소비자가 시민공동체적 경제를 구축하는 것으로, 공동체를 중요하게 여기는 시민들에 의해 마을 단위의 지역사회가 형성되는 것을 의미한다. 이는 상호부조 혹은 선물경제gift economy로 나타난다. 상호부조는 말 그대로 서로 돕는 것이고, 여기에는 노동 혹은 재화가 포함된다. 선물경제란 재화를 선물로 나누어 줌으로써 물질적 필요를 충족하는 경제를 뜻한다. 선물경제는 거래하거나 판매하지 않는 교환방식이지만 즉각적인 또는 미래의 보상에 대한 명백한 합의 없이 제공된다.

농업에 기반을 두는 조선의 자급자족 경제 상황에서 배고픔과 굶주림을 해결하기 위한 대안으로 개인은 국가와 사회적 조직에만 의존하는 것이 아니라 대가를 바라지 않고 상대방을 도와주는 방식을 선택했다. 최홍원의 일기에서도 '사회적 경제'에서 언급하는 이웃과 공동체에 대한 배려와 나눔을 쉽게 확인할 수 있다.

최홍원의 지인들은 어려울 때 최홍원에게 스스럼없이 도움을 요청했다. 예안의 이세룡은 편지를 하여 잉어와 부채를 구했다. 박씨 성의 사돈댁 어른은 종을 보내어 나무 10그루쯤 달라고 했는데, 최홍원은 이를 허락했다. 경주 일족 어른이 혼례를 치르는 데 필요한 여러 가지 물품을 요청하자, 최홍원은 가마와 말안장을 빌려서 보내 주었다. 외숙이 형편이 딱하다고 하면서 최홍원에게 사람과 말을 보내오자, 겉벼 23말을 기꺼이 실어 주었다. 삼가三嘉 마을의 일족 어른이 우황을 구했는데, 마침 최홍원이 쓰고 남은 것이 있어서 곧바로 보내 주기도 했다. 양 서방이 쌀과 생꿀을 달라고 요청하자, 늦게 얻은 아들이 병에 걸린 것을 안타까워하며 기꺼이 도와주었고, 아우들도 각각 겉벼와 생꿀을 보태 주었다. 구군칙이 집 지을 나무를 구하자, 15그루를 베어 주기도 했다. 최흥원은 이해관계를 떠나 상대방이 요청한 것을 도와줄 상황이 되면 기꺼이 도와주었다.

최흥원에게 곡식을 보태 달라는 부탁도 자주 있었다.

원장 류문서가 쌀이 없어 곤란하다며 도움을 청하기에 벼 5말을 보냈는데, 적게 보내어 한스럽다.

— 1739년 12월 26일

이명보가 갑자기 찾아와서 보리를 구걸했으나 시원스레 베풀 수 없었으니, 한탄스럽다.

— 1756년 6월 30일

배 효자가 보리를 구걸하기에 5말로 인정을 표시했으니, 매우 부끄럽다.

— 1756년 7월 2일

상주 송씨가 사람과 소를 보내어 보리를 요청했으나

단지 몇 말만 주었으니, 이것이 어찌 인정이라 하겠는
가. 한탄스럽다.

— 1757년 5월 28일

　최홍원은 지인들이 곡식을 요청하면 조금씩이라도 나눠 주
었다. 이는 생계와 관련된 절실한 문제이기 때문에 다른 어떤
부탁과는 달리 외면하기 어려웠다. 최홍원은 상대방이 원하는
만큼 도와주고 싶었지만 그렇게 하지 못할 때는 오히려 스스로
부끄러워하거나 자신의 처지를 한탄했다.

　인동(오늘날 구미) 황학동의 이춘식 어른은 최홍원의 자제 교
육에 신경을 많이 써 주었다. 최홍원은 어른에게 고마운 마음을
가지고 있었기 때문에, 가능하면 그의 부탁을 들어주려고 했다.
1739년 7월 7일에 이씨 어른이 사람을 시켜 편지를 보내왔다.
내용인즉 본인과 아들이 병을 앓고 있으니 평위산平胃散과 익원
산益元散 재료 및 생꿀을 보내 달라고 했다. 최홍원은 그의 걱정
하고 애태우는 정황을 알 만했다. 다음 날 새벽에 대구부 의국
에 사람을 보내서 약재를 구하고 생꿀과 쌀 2말을 보태어 이씨
어른에게 보냈다. 1741년 9월 12일에는 이씨 어른의 아들이 과
거 시험 보러 가는데, 최홍원 집의 종을 빌려 달라고 하기에 기
꺼이 허락했다.

혼례와 상례 등의 의례나 문집과 족보 등의 간행에는 많은 비용이 든다. 최흥원은 주변에서 혼례를 치르거나 상례를 당하면 상대방의 처지를 헤아려 알맞게 부조했다. 류상일 군은 아들의 혼사를 위해 조카 상진의 의복과 도구를 빌려 갔다. 의성 산운에서 이민성(1570-1629)의 문집인 『경정집敬亭集』을 간행한다고 하자 돈 4냥과 종이 2묶음을 보내 주었고, 이민환(1573-1649)의 문집 간행 소식에도 2냥을 부조했다.[17]

최흥원은 선량한 마음으로 주변을 보살폈지만, 모든 사람의 부탁을 다 들어줄 수는 없었다. 이춘식 어른이 아들의 과거 응시에 돈이 필요하니, 15냥을 빌려 달라고 했다. 최흥원은 마침 집에 쓸 돈도 모자라는 처지여서 단지 1냥을 노잣돈으로 보태 주었다. 1739년 7월 29일, 다산茶山 마을의 일족 할아버지가 와서 서까래를 구했는데, 부탁을 들어줄 수 없었다. 1756년 6월 12일에 조화보趙華甫의 고아가 와서 장례 도구를 구했으나 도와줄 수 없는 상황이어서 부끄러워했다. 최흥원은 상대방이 이치에 맞지 않은 요구를 할 때는 도와줄 여건이 되어도 거절했다. 매양 마을의 송춘기 어른의 편지를 받아 보니, 혼례에 사용할 예복을 빌려 달라고 했으나 약속을 어긴 적이 있어서 거절했다.

상대방이 최흥원에게 차마 그냥 달라고 하기에는 마음이 불편하여 물건을 보내와 부탁하기도 했다. 아산의 윤 생원이 민어 2마리와 조기 20마리, 진애眞艾 40묶음을 보내왔길래, 그 뜻을 짐작하여 돈 2냥을 보내 주었다. 류덕후가 찾아와 홍합 조금을 맡기고 목화를 청하기도 했다. 최흥원은 홍합은 받지 않고 힘닿는 대로 돕겠다는 뜻을 전했다. 이달인이 전복 15꿰미를 가지고 와서 벼와 바꾸어 달라고 했는데, 차마 물리칠 수 없어서 받아 두기도 했다. 각선이 그의 처를 보내어 약도藥刀를 가져다주기에 받고 보리 3말을 주었다. 자신의 물건을 최흥원에게 주고 필요한 물건을 얻어 가는 사람도 있었다. 빌리거나 빌려주는 일이 잦아 최흥원은 빌려주고 잊어버린 적도 있다. 1743년에 허심이라는 사람이 돈 2냥을 보내와 '이것은 초립값인데, 신축년(1721)에 갚았어야 할 것입니다'라고 했다. 20년이나 지난 일이어서, 최흥원은 까마득하게 잊고 있었다.

교통수단으로 이용하기 위해 말을 빌리기도 했다. 오늘날에도 개인 승용차는 아무에게나 빌려주지 않는다. 그러나 최흥원은 말을 빌려줄 여건이 되면 빌려주었다. 이창좌가 아들의 혼례를 위해 종과 말을 빌려 달라고 하자, 기꺼이 허락했다. 가까운 지인에게는 편하게 말을 빌려주었다. 그러나 중이나 평민의 경우에는 어쩔 수 없는 사정이 있을 때만 빌려주었다. 중 초윤이 서울에 가는데 말이 필요하다며 빌려달라고 하자, 최흥원은 그가 애써 준 일이 있어서 부탁을 차마 거절할 수가 없었다. 시돌 이라는 자는 자신이 끌고 온 말이 쇠약하여 먼 길을 가기 어렵 다고 하면서 최흥원 집의 말을 빌려 달라고 하여 어쩔 수 없이 빌려주었다.

최흥원은 상대방이 어려운 일이 생기면 미리 상대방의 처지 를 헤아려 도움을 주기도 했다. 경주 일족 어른 동네에 불이 나 자 최흥원은 막내아우를 그곳으로 보냈다. 마을의 50여 호가 잿더미가 된 가운데 최흥원의 겉벼를 저장해 둔 곳만 화재를 면 했다. 최흥원은 그곳에 저장해 둔 겉벼 10말을 사람들에게 빌 려주었다. 화재를 당한 사람 가운데 덕상이란 자가 마골麻骨(겨 릅대) 100여 개를 달라고 하자 주었고, 최모로금에게는 빈 가마 니 5개와 맛이 단 간장 1되를 주었다. 광동 선영에 성묘하러 갔 을 때 산 아래 화재를 당한 50명에게 각각 소나무 한 그루씩을 주어서 위로했다. 지묘의 화재를 당한 일족에게 작은 소나무 40그루를 베어 주기도 했다. 1743년 6월 18일에는 계달이 죽었 다는 소식을 듣고 아우들이 각각 버선 한 켤레씩을 내어 그의 염을 돕고 잊지 않는 뜻을 보였다. 예나 지금이나 현실에서는 삶이 녹록치 않은 사람이 더 많다. 최흥원의 배려는 상대방도 최흥원이 어려울 때 기꺼이 도와주고 싶은 마음을 내도록 할 것 이다. 배려하는 마음은 보험의 기능을 했다.

최흥원에게 도움을 요청하는 사람 가운데는 일면식이 없는 사람들도 있었으며, 최흥원의 베풂은 이들에게도 예외는 아니었다.

정 씨라는 사람이 상복을 입고 와서 어버이를 장사 지낼 밑천을 애걸했는데, 업신여길 수 없어서 겉벼 8말을 주어서 돌려보냈다. 스스로 영천 사람이라고 했다. … 어떤 총각이 청송에서 온 조 씨인데 내게는 외가 친척이 된다고 하면서 그의 어미를 업고 떠돌면서 걸식을 했다. 행동거지가 수상하고 행실이 좋지 않은 자인 듯하여서 단지 겉벼 1말을 주어 멀리 보냈다.

— 1741년 12월 5일

갑자기 비파 소리가 나기에 불러보니, 곧 소리를 하여 보리를 구걸하는 자였다. 바로 뜰 위로 올라오게 하여 연주하도록 했다. 그는 14살 아이로, 줄을 타는 손놀림이 어른보다 더 나았다. 아주 사랑스러웠다.

— 1751년 윤5월 13일

어스름 녘에 청주 정씨라고 하는 자가 와서 돈을 요구

하기에 1전을 주도록 허락했다.

— 1748년 3월 21일

최홍원을 방문하여 도움을 요청하는 사람들 가운데는 최홍원과 조금이라도 관계가 있다는 것을 설명하여 도움을 요청하기도 했고, 자신의 딱한 사정을 말하여 최홍원의 마음을 움직이기도 했다. 최홍원은 알지 못하는 사람일지라도 어려운 사람들의 처지를 외면하지 않고 보살펴 주려고 했다.

손님 접대에 쏟는 정성

최홍원의 집에는 손님이 끊이지 않았다. 손님이 집에 머물 때는 그들에게 정성을 다했으며, 손님이 돌아갈 때는 곡식이나 노잣돈을 주는 등 빈손으로 돌려보내지 않았다. 평소 알고 지내던 이명길이 머물다가 돌아간다고 하자 붓 2자루를 선물로 주었다. 친척 이만태가 자신의 곤궁함을 말하여서 최홍원은 돈 1꿰미를 주면서 상대방을 무안하지 않게 했다.

최홍원의 집을 방문하는 손님 가운데는 지나가는 나그네도 많았다. 하루는 어떤 나그네가 종과 말을 데리고 문밖에 왔기에 맞아들여서 사는 곳을 물어보니, 본래 서울 사람인데 창녕 땅으로 흘러들어와 산 지 3-4년이 되었다고 했다. 그의 사람됨을 보니, 조리가 있었고 의관이 말쑥했다. 머물러 묵기를 청하여서 바깥에 있는 방에 가서 묵도록 했다. 다음 날 일찍 나그네가 떠난다고 하자 최홍원은 동생을 시켜 아침밥을 먹여 보내라고 했다.

1743년 8월 28일, 해주 최씨라는 나그네가 묵기를 요청하자, 최홍원은 손님방에 나가 자도록 했다. 다음 날 그 나그네가 들어와서 몸을 가릴 옷 한 벌을 청했으나 없어서 주지 못하고 다만 돈 2전 및 낡은 버선 한 켤레만 주어서 돌려보냈다. 그의 사람됨을 알 수 없었으나 추위를 호소하고 애걸하기에 측은지심이 없을 수 없으므로 조금 보태 주었다. 서울에 사는 어떤 나그네가 최홍원을 만나길 원했으나 최홍원은 재계 중이어서 사양하고 손님방으로 가서 자도록 했다. 나그네가 사람을 시켜 옷한 벌을 청했으나 주지 못하고, 단지 쌀 몇 되만 주었다. 며칠 뒤에도 나그네가 옷을 구걸했으나, 목화와 닳은 버선만 주어서 돌려보냈다.

청주 출신의 정씨라는 사람이 잠자리를 청하자, 최홍원은 이를 허락했다. 그 사람이 떠날 때 목화를 좀 달라고 했다. 최홍원은 1근을 주어서 돌려보냈다. 전라도 무주 출신의 권태영이라는 자도 최홍원에게 목화를 달라고 해서, 역시 1근을 주었다. 1743년 9월 10일에는 경주 남면에 사는 사람이 최홍원 집에 들어와서는 목화를 구걸했다. 목화 2근쯤 주었으나 그 사람은 그것을 버리고 가 버려서, 최홍원은 의아했다. 양이 적어서 그럴지도 모른다고 생각했다. 9월에는 목화 열매가 맺히고, 날씨도 추워서 그런지 일기에는 목화를 구걸하는 자들이 많았다.

여러 부류의 사람이 최홍원의 집을 여관처럼 드나들었다. 알고 지내는 사람뿐만 아니라 지나가는 나그네들조차 최홍원의 집에 들어와 기꺼이 묵기를 요청했던 것은 최홍원의 인심이 소문났기 때문일 것이다. 최홍원이 어려운 이웃에게 온정의 손길을 나눈 것은 가족 혹은 후손들에게 복이 돌아오길 바라는 마음도 있었을 것이다. 최홍원의 집안 경영 방식은 나눔과 정성에 기반했으며, 이는 단지 최홍원 개인에게서 그친 것이 아니라 옻골 최씨의 정신적 가치가 되었다.

3

재산 관리,
꼼꼼한 경영자를
자처하다

백여 명의 '식구'를 먹여 살려야

최홍원이 끼니를 책임져야 할 '식구食口'는 가족과 노비들이
었다. 오늘날은 가족과 밥을 같이 먹는 '식구'를 비슷한 개념으
로 사용하지만, 조선시대의 '식구'는 가족보다 훨씬 넓은 개념이
다. 최홍원은 관직을 역임하지 않았기 때문에 농사 경영으로 수
입을 창출하여 식구들의 생계를 책임져야 했다. 최홍원이 58세
되던 해인 1762년의 호구 자료에 등재된 혈연가족은 12명이
다. 최홍원의 호에는 아우 홍건과 홍후 및 그의 가족, 그리고 서
종제庶從弟 등이 기록되어 있다. 물론 형제들은 인근에 각각 따
로 살고 있었다.[18] 직접 부리는 솔거노비는 27명이 기재되어 있

다.[19] 호적의 호 구성은 현실을 그대로 반영했다고 보기 어렵지만 최흥원이 부양해야 하는 식구는 39명 정도이다.

> 비가 크게 내려서 강물이 불어 넘쳐 갯가의 보리가 모두 잠겼다. 우리 집에서 잃어버린 것을 계산하여 보니 거의 40여 섬이 되었다. 백여 명의 입이 먹고 살아갈 방책이 없으니 가슴이 막히지 않을 수 있겠는가?
>
> — 1745년 6월 9일

일기에는 최흥원이 먹여 살려야 할 식구를 100여 명이라고 했다. 여기에는 아우의 집에 같이 사는 노비도 포함되었을 것이다. 최흥원의 일상에서 가족을 포함한 식구를 건사하는 것은 가계를 유지하는 기초가 되기 때문에 가족의 건강과 더불어 끼니를 해결할 식량 확보를 중요하게 생각했다.

최흥원은 벼와 보리를 비롯하여 여러 가지 작물을 재배하지만 풍년으로 수확이 넉넉하기보다는 가뭄과 홍수 등으로 흉년이거나 생계가 어려운 경우가 더 많았다. 봄에 거두어들인 보리로 가을 추수까지 먹기에 부족할 때도 있었다. 사촌 "통숙에게 보리쌀 2말과 돈 5전을 보냈다", "보리쌀 67되를 사촌 아우가 앓고 있는 곳에 보내어 병구완하는 사람들의 식량을 하도록 했다", "보리쌀 및 돈 1냥과 장조림을 사촌 아우에게 보낼 계획이다", "보리쌀 1섬을 실어 보내어 누이 집에 보태 주도록 했다"[20] 등의 내용으로 미루어 최흥원은 본인, 아우, 누이, 사촌의 식량까지 챙겼으며, 이들에게 수시로 곡식을 보냈다.

조제고助祭庫는 제수를 위한 것이고, 의고義庫는 가난한 사람들을 구제하기 위해 마련한 기구이다. 최흥원은 흉년이 들거나 끼니를 때우기 힘든 경우에는 여기의 곡식을 변통하여 식구를 먹여 살렸다. 1762년에는 아우들이 가난하여 굶어 죽을 처지가 되었다. 최흥원은 어머니가 너무 걱정할까 봐 어쩔 수 없이 제수로 쓰고 남은 약간의 볏섬으로 식구 수에 따라 나누어 주었다. 가난이 심한 아우부터 먼저 곡식을 주되 한 집 당 5말을 넘기지 않고 기한은 4월로 했다. 4월이면 보리와 밀이 익기 때문이다. 1763년에도 조제고의 곡식을 이용했는데, 5월부터는 각 집에 조제고의 식량을 나눠 주는 것을 그만두었다. 조제고의 곡식이 떨어졌을 뿐만 아니라 보리가 익었기 때문이다. 최흥원은 조제고의 곡식이 조상을 섬기기 위한 것으로 생계를 위한 것이 아니라는 것을 알고 있었지만, 용도를 바꾸어 사용했다. 그는 의고도 열어 겉벼와 보리 약간씩을 아우들 집에 나누어 보냈다.[21]

최흥원은 흉년이나 춘궁기에 곡식을 빌려주는 환곡도 이용했다. 환곡을 받기 위하여 상만을 수성창에 보내기도 했고, 환곡을 빌려 식량을 잇게 하거나 돈으로 바꾸어 부세와 잡물을 마련하는 데 사용했다. 부노 진욱은 빌린 돈 20냥과 환곡 겉벼 20섬을 최흥원에게 바쳤는데, 최흥원은 이를 혼수 마련에 사용했다. 1757년에는 엄청난 풍년으로 원근의 논에서 난 곡식의 소출이 이전 해에 비해 두 배나 많았다. 그런데 임금이 특별히 명령을 내려 1755년과 1756년의 환곡을 반감해 주도록 했다. 정말 반가운 소식이었다. 최흥원은 "정말 성군 시대의 정사이다"라고 임금을 칭송했다.[22]

환곡은 형편이 어려운 농민만 이용한 것이 아니었다. 지주 최흥원도 환곡으로 생계를 잇거나 혼수나 잡물을 마련하는 등 일상적으로 필요한 경비에 보태었다. 환곡은 갚을 때는 큰 부담이다. 최흥원은 환곡을 제때 갚지 못해 독촉에 시달리기도 했고, 이 때문에 괴롭고 혼란스러운 감정을 느낀 적도 있었다. 종 만세가 환곡 이자 독촉을 견디지 못하고 힘들어하자, 겉벼 1섬과 돈 2냥을 주어서 마음을 놓도록 했다.[23] 관에서 환곡을 갚을 때는 정결한 품질의 곡식을 요구하기 때문에 곤란한 적도 있었다. 최흥원은 지주로 여유로웠지만 흉년으로 식구들의 끼니를 걱정할 때도 있었고, 공동조직의 기금과 국가의 진휼제도를 이용하기도 했다.

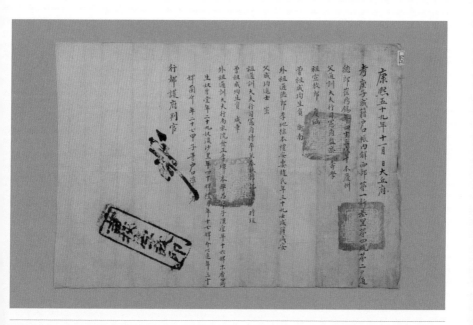

그림 7 1720년 10월에 대구부에서 통덕랑 최정석에게 발급해준 존호구로, 오늘날의 호적 등본에 해당하는
문서이다, 한국국학진흥원 제공

그림 8 1760년 10월13일에 조모 조씨가 손자인 최주진에게 노비를 지급한 별급문기別給文記

한 해의 먹거리, 농사 관리

최흥원은 어느 정도의 토지를 가지고 있었을까? 최씨가의 경제적 기반을 확인할 수 있는 양안, 화회문기, 허여문기, 매매명문, 일기 등이 있다. 이것을 토대로 최씨가의 경제적 규모가 어느 정도 밝혀졌다. 최흥원의 6대조 최계(1567-1622)의 전답 규모는 1,700여 두락에 이른다. 1두락을 200평으로 잡아 계산하면, 34만 평 정도다. 최계의 둘째 아들이자 옻골의 입향조 최동집의 전답 규모는 대략 1,500-1,600여 두락이다. 최흥원의 고조 최위남의 재산 전모는 알 수 없지만, 1남 4녀에게 상속한 논과 밭은 623두락이고 노비는 22구였다. 호구자료에 근거하면 최흥원의 조부 최수학이 4남 2녀에게 남긴 논과 밭은 712.5두락이고, 노비는 48구이다.

1746년에 최흥원의 아버지 최정석이 5남매에게 물려준 논과 밭은 405두락이고, 노비는 61구였다. 이때 최흥원이 물려받은 논과 밭은 60여 두락이다. 아우 홍점은 양자 간 아들 몫을 포함하여 78두락, 홍건은 66두락, 홍후는 68두락, 사위 류성복은 62두락을 물려받았다. 최흥원의 경우 제사를 지내는 몫으로 정해진 것과 일찍 사망한 동생 재열의 몫까지도 관리했을 것이다. 1733년 최흥원은 조부의 재산 분급 당시 34두락의 논과 밭 및

5구의 노비도 물려받았다. 따라서 문서를 통해 확인되는 최흥원의 논과 밭은 166두락이고, 노비는 23구이다. 실제로 최흥원의 논과 밭 규모는 이보다 훨씬 컸을 것이다. 【표 1】은 『역중일기』에 나오는 논과 밭의 소재지이다.

논과 밭의 정확한 소재지를 확인할 수 없지만, 대구의 여러 지역에 흩어져 있을 것으로 추정된다. 최흥원은 위에 언급한 토지 외에도 개간과 매매를 통해 토지를 늘리거나 빚을 갚기도 했다. 1739년 4월 12일에는 깊고 후미진 땅이 일굴 만하여 관아에 정장呈狀을 올려 공증 문서를 요청했다. 최흥원은 본인 소유의 논 9마지기를 둘째 아우에게 팔기도 했다. 둘째 아우에게 45냥을 받아, 그에게 진 빚 34냥과 막내아우에게 진 빚 10냥 5전을 갚았다. 하회 누이 몫의 논을 팔아 25냥을 하회에 보내기도 했다. 지묘의 논 8마지기를 팔아서 묵은 빚 18냥을 갚았고, 중심 서씨의 집터와 밭 2마지기를 2냥 5전에 구입하기도 했다.[25]

구분	『역중일기』에 나오는 논과 밭의 소재지
논	광동[광촌](7두락), 검사(9두락), 낙하, 사제하(3두락), 북산[북장], 오음선, 오제하, 응좌(7두락), 전평, 지묘, 지후(10두락), 중심
밭	개사리, 둔산(20두락), 불평[불포](10두락), 사근, 서부[서포](30두락), 서평(9두락), 전평[전교](13두락), 포오음, 포전(13두락), 해안(30두락)

표 1 『역중일기』에 나오는 논과 밭의 소재지[24]

최홍원은 100여 명의 식구를 먹여 살리기 위해 재산을 증식하고 이를 꼼꼼하게 관리했다. 작황은 생계에 가장 중요하다. 날씨는 작황에 영향을 끼치기 때문에 최홍원 일기의 대부분은 날씨의 기록에서 시작한다. 날씨에 따른 작황 현황과 이에 따른 심경을 일기에 기록하기도 했다.

봄비가 때를 알고 내려서 사방 못물이 모두 그득했다. 보리가 비록 알이 배지 못했으나 앞으로 농작물이 매우 살아날 가망이 있어서 다행이다.

— 1739년 4월 16일

비가 종일 크게 쏟아져서 강물이 불어 넘칠 듯하니 갯가 보리를 수확하지 못할까 걱정스러워 종들에게 일을 시켰는데, 때맞추어 일을 하지 않아 이런 사태를 불렀으니 역시 반성할 부분이다.

— 1740년 5월 30일

오후에 갑자기 서쪽 하늘에서 우레가 치고 큰바람이 불면서 우박이 쏟아졌다. 크기가 환약 알 크기만 했다. 농민들이 목화, 보리, 마가 손상을 입었다고 말했는데,

다만 한 줄기 우박만 급히 지나가서 큰 재앙을 피한 것 같다.

— 1759년 5월 10일

날씨 덕분에 풍년이 들기도 하고 날씨 때문에 한 해의 농사를 망치기도 했다. 날씨에 민감할 수밖에 없다. 최흥원은 날씨를 꼼꼼하게 기록했고, 날씨와 농사와의 연관성도 기록했다. 이밖에도 씨 뿌리기, 곡식이 익어 가는 상황, 추수와 수확량 등도 자세하게 기록했다. 1739년 8월 1일에 최흥원은 둘째, 셋째 아우와 함께 동구 밖을 거닐고 제방 언덕에 올라서 멀리 들을 바라보았는데, 햇벼가 한창 익어 가고 있어서 너무나도 사랑스러웠다. 만약 바람이나 서리 피해가 없다면 전에 없던 풍년이 될 것이었다. 두보의 '나랏일 근심하여 풍년을 기원한다[憂國願年豐]'라는 구절을 읊조리며 기분 좋은 시간을 보냈다.

최흥원은 직접 농사를 관리 감독했다. 농사철에는 파종과 추수로 바빴다. 종들에게 밭에 보리를 파종하도록 했는데, 파종 시기가 늦어 싹이 날까 걱정했고, 해안의 보리타작을 위해 종 10여 명을 보내기도 했으며, 계집종들에게도 모내기, 김매기, 가을걷이, 보리타작 등을 시켰다. 종 상만을 강각동에 보내어 거둔 모초로 재를 만들게 하여 가을갈이에 대비하도록 했다.

그림 9 김홍도, 《단원 풍속도》, 〈논갈이〉, 국립중앙박물관

매일 밭갈이와 곡식 수확을 점검하느라 바쁘게 쫓아다니니, 그런 자신이 우습기도 하고, 한탄스럽기도 했으며, 날마다 생업에 대처하고 힘을 쓰느라 어머니를 제대로 보살피지 못한 자신을 탓하기도 했다.[26] 논과 밭이 여러 곳에 있어서 최흥원이 일일이 관리하거나 감독할 수 없었다. 아우를 비롯하여 아들 주진, 사촌 통숙과 문희 등에게 파종과 타작을 감독하게 했고, 그들은 최흥원에게 작업 결과를 보고했다.

관직으로 나아가지 않은 양반은 지주로서 농업에 관한 다양한 정보를 습득한다. 최흥원도 여느 양반처럼 농사 기술 등에 대한 나름의 지식이 있었다. 본인의 경험이나 농민에게 들은 말도 명심하고 이를 기록했다. 1738년 봄에 보리 씨가 단단히 뿌리 내리지 못한 것에 대해 최흥원은 씨를 늦게 뿌린 결과라고 판단하고 그 이후에는 일찍 씨를 뿌리는 것이 좋다고 생각했다. 다음 해에 최흥원은 이러한 사실에 대해 나이 든 농부에게 직접 물어봤다. 농부가 호미질을 해서 흙을 부드럽게 해 주면 도움이 된다고 조언하자, 최흥원은 곧바로 종들에게 김매도록 했다.[27]

최흥원이 농사에 골몰한 것은 꿈으로 이어지기도 했다. 한 번은 죽은 아내가 병들어 신음하면서 한 사람도 와 보지 않는다는 뜻으로 원망하는 꿈을 꾸었다. 깨어나서 생각해 보니, 그저께 내린 비로 무덤이 무너진 것이 아닌가 싶었다. 서숙에게 가

서 무덤을 살펴보라고 했는데, 돌아와서 광촌의 논이 물에 쓸려 거의 3-4마지기가 망가졌다고 했다.[28]

노비의 감독과 물건을 바치는 사람들

최홍원은 논밭뿐만 아니라 노비의 관리 감독에도 신경을 썼다. 농사는 노비의 노동력에 의존했으며, 이들은 집을 운영하고 관리하는 다양한 일에 동원되었다. 홍수가 났을 때 종들이 갯가에 나가 잠긴 보리를 건져 수습한 것이 적게는 5-6말, 많게는 혹 8-9말이 되어 최홍원은 재앙을 당한 중에도 다행으로 여겼다. 최홍원은 종들에게 일을 시킨 이후 급료를 주기도 했다.[29]

최홍원은 노비가 제대로 먹지 못하는 데다 과도한 노동에 시달리거나 죽어 나가는 것에 대해 연민이 있었다. 노비들에게 먹을 것을 챙겨 주고 마음을 써 주었다. 다만 불성실한 노비는 엄하게 다스렸다. 노비들이 풀 뽑는 일을 게을리 하자, 모두 뜰로 불러들여서 말로 꾸짖었다.

며칠 사이에 응접하느라 꽤나 소란스러워서 마음이 안정되지 않았으니, 평소 함양이 깊지 못한 것에 부끄러

움을 느꼈다. 종종 종들에게 가혹하게 명령을 내리면서
도 문득 후회하며 반성할 겨를도 없었다. 집안의 노소
들을 대하면서 근심으로 여기지 않고 도리어 가혹하게
굴며 시원하게 여겼으니, 이게 어찌된 까닭이었던가.

— 1743년 10월 18일

  최홍원은 노비를 관리하는 차원에서 수시로 벌을 주었는데,
가혹하게 대하는 자신을 반성하면서 수양하는 계기로 삼기도
했다.

  노비는 최홍원의 주요 재산이었지만 함께 생활하는 가운데
몇몇 노비와는 가족과 같은 정을 나누기도 했다. 특히 두애를
총애했다. 그는 가사활동의 조력자로, 인동 할아버지, 서숙이
맡은 수준의 역할을 했고, 최홍원을 충직하게 받들었다. 두애가
15섬의 보리로 5년 만에 180냥의 돈을 만들어 오자 최홍원은
두애를 매우 기특하게 여기고 10냥을 주어 밭을 사서 갈아 먹도
록 했다. 두애는 조제위의 보리 수합하는 일을 맡았는데, 병으
로 앓아 누워 있어서 최홍원에게 보고할 수 없었다. 대신 계집
종 분화를 보내어 상황을 설명하도록 했다. 최홍원은 아픈 가운
데 본인에게 맡겨진 일을 충직하게 처리하는 두애를 칭찬하고
아꼈다.[30]

대구 옻골과 멀리 떨어져 지내는 노비들은 신역身役 대신 자발적으로 신공身貢을 바치기도 했고, 최흥원이 사람을 시켜서 신공을 거두기도 했다. 의성의 종 을철이 꿀을 공물로 바쳤고, 종지의 종들은 밤 8말을 납부했으며, 다산의 종 세창의 처가 태재와 세백 두 종의 신공으로 각각 1냥씩을 가져오기도 했다.

외지에 거주하는 노비의 신공은 주로 아당과 만세가 받으러 다녔다. 1737년 연일延日에 아당을 보냈는데, 돈 2냥과 생선 몇 마리만 받아 왔다. 1742년 아당이 해변에서 13냥의 신공을 받아 왔는데, 최흥원은 형편없이 적다고 했다. 1740년 만세를 성주로 보내 신공을 거두어 오도록 했는데, 열흘 만에 돌아와 바친 신공이 너무 적어 가소로웠다. 다음 해에도 만세를 성주에 보냈는데, 역시 돈 8냥뿐이었다. 1742년에는 만세가 성주에서 거두어 온 공물이 너무 허술하여 최흥원은 만세에게 벌을 주고 싶은 마음이 굴뚝같았다. 1743년에는 만세가 다산에서 신공으로 10여 냥을 거두어 왔다. 최흥원은 종을 채근하여 공물을 받아오지만 큰 흉년이 든 해에 가난한 노비들이 곤궁하여 원망하는 것을 알 만하여 마음이 편치 않은 적도 있었다. 신공을 바친 지역은 대구의 여러 마을을 포함하여 성주, 흥해, 연일, 영일, 의성 등지였다.

노비들은 빈번하게 도망을 갔다. 주로 인동 할아버지, 막내

아우, 아당이 도망간 노비를 잡아 왔다. 1741년에 막내아우와 인동 할아버지가 여러 계집종을 추쇄했고, 신공 열 몇 냥을 거두어 왔다. 오랜만에 신공을 잘 받아와서 최흥원은 흡족했다. 밀양으로 종을 잡으러 갔던 인동 할아버지가 돌아와 말하기를, 도망간 계집종을 찾았으나 잡아 오는 대신, 신공 5냥만 받았다고 했다.

인동 할아버지가 아당을 데리고 군위, 의성, 비안 등지로 갔다가 군위 어로곡에 가서 계집종 명금을 잡아서 돌아오고, 의성 빙산에 사는 계집종 필춘에게는 공물로 소 1마리를 받았다. 계집종 엽덕의 딸 황진을 추쇄하기 위하여 막내아우와 인동 할아버지를 경주로 보냈는데, 거기서 황진을 잡았고 계집종 여러 명도 추쇄했으며 신공도 열 몇 냥을 거두어서 최흥원은 매우 흡족했다.

1741년에 의진의 딸 명옥이 도망갔다. 인동 할아버지를 하양에 보냈다. 1742년 1월에 명옥을 잡아 와서 심하게 매질했는데, 장독으로 죽을 지경에 이르렀다. 죄는 괘씸하지만 죽게 만든 것은 지나친 처사여서 최흥원은 종들에게 죄를 물어야겠다고 생각했다. 1746년에 명옥은 그의 딸과 함께 다시 도망갔다. 최흥원은 이들의 행동에 특별한 미련은 없었다. 다만 안주인이 없어 계집종들이 마음을 붙이지 못하고 있는 것이 걱정되었다.

최홍원은 명옥을 잡아 오기 위해 이번에는 인동 할아버지를 밀양으로 보냈다. 명옥이 거기에 사는 것을 확인했으나, 잡아 오지는 않고 신공 5냥만 가져왔다.[31] 12월 2일에는 아당이 계집종의춘을 잡아 왔다고 했다. 명옥 사건도 있어 의춘에게는 벌을 대충 주었다.

여러 가지 이유로 속량을 요구하는 노비들도 있었다. 부노계달은 자신의 딸을 속량시켜 달라고 요구했으나, 제사 지내는 데 배정된 종이라서 최홍원은 허락하지 않았다.[32] 노비는 농사와 집안일에 필요했지만, 일을 열심히 하지 않거나, 도망을 가거나, 신공을 제대로 바치지 않아 관리가 쉽지 않았다.

소작인이나 노비 가운데는 신공 이외의 물건을 바치기도 했다. 1739년 6월 25일에 최홍원의 토지가 있는 해안의 군창과 학이 두 사람이 각각 숭어 몇 마리씩을 가져왔다. 같은 해 8월 1일과 3일에 두석이 숭어를 가지고 와서 어머니의 찬거리를 도와주었으니, 최홍원은 그 뜻에 사랑스러운 감정을 느꼈으며, 이를 일기에 적었다. 8월 2일에는 북산의 종 태공이 당귀 몇 뿌리를 캐어 바쳤는데, 최홍원은 이를 땅에 묻어 두었다가 봄이 오면 심어서 키우고 싶어했다.

최홍원은 종 몇 명을 관아 근처에 파견하여 여러 가지 정보를 파악하거나 관아와 최홍원 집 사이의 연락을 담당하도록 했다. 일기에는 이들을 '부노奴奴'로 적었다. 옻골과 대구부 관아와의 거리는 13km 정도 된다. 부노들은 최흥원에게 수시로 물건을 바쳤다. 책력과 부채 등 관아에서 최흥원에게 주는 것을 받아 전달해 주는 역할을 했다. 부노 하징이 겨울에는 책력을 바쳤고, 여름에는 부채를 바쳤다. 최흥원이 인발을 부노에게 보내어 흰 부채 두 자루를 받아오게도 했다. 부노가 보낸 부채가 그럴듯하지 않을 때도 있었다. 익영이 부채 16자루를 바쳤으나 품질이 형편없어서 미운 마음이 생겼다.

옻골 주변에는 동화사·부인사·은해사·파계사 등의 사찰이 있는데, 여기에 소속된 중들도 수시로 최흥원에게 물건을 바쳤다. 관순이 흰 종이 17묶음을 바쳤고, 재생 종이 6권을 바치기도 했다. 최흥원은 부인사에 닥나무껍질 109근을 보냈다. 절에서 종이를 만들거나 책을 간행했기 때문이다. 중들은 붓, 먹, 쑥, 삿갓 모자, 초롱[燭籠] 등을 주거나, 산살구를 바치기도 했다. 은해사 중이 제철 채소를 주었고, 동화사에서 강활羌活과 후추를 보내기도 했다. 한번은 중 순해가 꿩을 바친 적이 있었다. 최흥원이 "중으로서 꿩을 바치는 것이 옳은가?"라고 하니, 순해가 웃으면서 대답하기를, "이것도 산에서 나는 물건입니다"라고 하기에 웃으면서 받았다. 여러 아우 집에서 벼를 거두어 11말을 모아 두었는데, 순해에게 실어 가도록 했다.[33]

살림에 보탬이 되는 선물과 부조

선물과 부조도 살림에 커다란 보탬이 된다. 최흥원의 지인 들은 닭·꿩·술·인삼·숭어 등의 음식 재료 혹은 편지지, 붓, 책 력 등을 주기도 했다. 최흥원의 집에는 며칠이 멀다 하고 선물 이 도착했다. 선물 가운데는 호의로 베푸는 물건뿐만 아니라 최 흥원의 형편이 좋지 않아 챙겨준 것도 있었다. 인동 할아버지가 지동에서 와서 말하길, 종여 씨가 최흥원의 보리 사정이 군색하 면 도와줄 뜻이 있다고 전했다. 그의 뜻은 고마웠지만 받을 만 한 명분이 없어서 최흥원은 고민스러웠다. 선물도 명분이 있을 때만 받았다. 입석에서 최흥원에게 빌린 돈 6냥을 보내고 어물 도 보냈는데, 어물은 명분이 없는 물건이어서 최흥원은 다시 입 석으로 돌려 보낼 예정이었다.[34]

문병 시 가져오는 물건은 더욱 고마울 때가 많았다. 둔곡 형 제가 병문안을 와서 어머니께 필요한 묵은 좁쌀을 주었다. 율 곡에 사는 일족이 숭어 몇 마리를 보내 주어 어머니께 올리기 도 했다. 어머니의 병환 중에 류상일이 마른 백합 1꼬치를 가지 고 왔는데, 어머니께 드리기에 좋아서 최흥원은 매우 고마워했 다. 다음날 류상일이 돌아가서는 다시 꽃무늬가 있는 대지팡이 를 보내 주어서, 어머니께 드렸다. 서울에 사는 친척은 연말 즈음 임금이 신하에게 주는 납약(臘藥)을 구해 보내기도 했고, 이창좌는 매를 가지고 가서 꿩 4마리를 잡아 왔다. 역시 고마웠다.[35]

지방관들도 수시로 최흥원에게 선물을 주었다. 지방관을 역임하는 지인들도 선물을 보냈다. 처남인 진도 수령이 옷 한 벌, 인두와 가위 각각 하나, 여러 가지 빗 10개를 선물로 주었다. 아이의 신발 2켤레를 보내기도 했으며, 새로 간행한 『소학』 8책과 편지지 40폭 및 어머니께 드릴 선물도 주었다. 울산 부사가 어물과 빗접[梳貼]을 가지고 왔고, 진해 현감이 편지지 20장을 보내기도 했다. 최흥원은 울산 관아에서 백합과 전복 등의 어물을 보내온 것에 대해 두터운 정의를 느꼈다.[36]

4

제사 지내기,
사제의 역할에
충실하다

종손의 지위 확립

조선은 유교를 국교로 했다. 유교는 조상신을 섬기는 종교로, 집에 사당을 지어 조상신을 모셨다. 집은 살아 있는 사람과 죽은 조상이 공존하는 공간이다. 조상이 세상을 떠나면 신의 존재로 각종 제례를 통해 후손과 만난다. 최홍원은 가묘와 별묘를 통해 조상을 모셨다. 최홍원의 아버지 최정석이 살아 있을 때는 사당에 최홍원의 5대조 최동집, 4대조 최위남, 3대조 최경함, 2대조 최수학, 큰아버지 최인석의 신주가 있었다. 최동집은 옻골의 입향조이다. 최수학의 아들은 최인석과 최정석인데, 최인석은 아들 없이 일찍 사망했다. 이런 경우에는 양자를 들여야 하는데, 최수학은 맏아들의 양자를 들이는 대신 둘째 아들인 최정석에게 가계를 물려주었다. 최정석이 사망하자 최홍원이 집을 잇게 되었다.

최정석이 죽은 이후 그의 신주를 사당에 모시기 위해서는 최동집의 신주를 사당에서 꺼내어 땅에 묻고 제사를 지내지 않아야 한다. 4대 봉사 규정 때문이다. 그러나 최홍원은 최동집을 불천위不遷位로 모시고자 했다. 불천위가 되면 신주를 땅에 묻지 않고 영원히 모실 수 있다. 이는 최정석의 뜻이기도 했다. 그는 살아생전 불천위 사당 건립을 위해 친족과 계를 만들어 준비했다.

최정석이 뜻을 이루지 못하고 세상을 떠나자, 최홍원이 아버지를 이어 최동집을 모실 별묘를 지었다. 1737년 3월 14일에 별묘 터를 닦기 시작하여 다음 해 10월 27일에 완성했다. 최동집의 신주는 따로 봉안했다. 최홍원의 집에는 가묘와 별묘가 있게 되었으며, 최홍원은 종손의 지위를 갖추었다. 최홍원은 둘째 아우에게 큰아버지 최인석의 제사를 맡겼다. 우선, 1737년 7월 10일에 최인석의 신주를 가묘에서 홍점의 집 동쪽 방에다 옮겨 봉안했다. 1741년 11월 14일에 둘째 아우 집의 사당 공사가 끝나서 15일에 큰아버지의 신주를 새로 지은 사당에 봉안했다.

최홍원은 별묘를 따로 건립했지만 제향할 장소가 마땅하지 않다고 생각했다. 오랜 시간이 흐른 1753년에 별묘 앞에 보본

그림 10 ▲ 사당, ▼ 별묘

4. 제사 지내기, 사제의 역할에 충실하다　87

당報本堂이라는 건물을 지었다. 보본당의 기문은 대학자인 이상
정에게 의뢰했다.

조상이 깊고 큰 공덕으로 무궁토록 돌봐 주시어 자손
들이 추모하기를 그만두지 못하는 경우가 있습니다.
『예기』에서 말하는 '불천不遷의 종宗'이 그것인데, 가업
을 처음으로 시작한 조상이 여기에 해당합니다. 이는
대부분 백성 중 성姓을 처음으로 얻게 된 조상을 가리

그림11 보본당 전경

켜 말한 것입니다. 그러나 중엽 이후 혹 거처를 옮겨 터전을 정해 자손을 안착시키거나 아름다운 덕과 깊은 인애가 장구히 내려질 만한 조상이라면 그를 존숭해 제사 지내는 데 한계가 있겠습니까?[37]

이상정은 「보본재기報本齋記」를 작성하면서 최동집을 불천위로 모시게 되었다는 사실을 언급했다. 이는 최동집이 불천위로 사회적 공인을 받는 것과 같은 의미를 가진다. 동시에 최흥원의 종손 지위도 대외적으로 공인받은 셈이다.

제사의 실행

최흥원이 지냈던 제사는 기제사·절제·시제·녜제·묘제 등이 있다. 모든 종류의 제사에는 어머니, 형제, 아들과 딸, 며느리, 조카, 손자 등이 참여했으며, 그 중심에 최흥원이 있었다. 제사 가운데 기제사가 가장 중요했다. 아버지는 1735년에, 어머니는 1765년에 사망했다. 부인은 1740년에, 아들 주진은 1763년에, 첫째 아우도 일찍이 사망하여 불천위 및 4대 조상 외에도 여러 차례의 제사를 더 지냈다. 【표 2】는 일기에 기록된

제사 대상			기일	제향 장소
5대조(불천위)	고	최동집(1586-1661)	6월 7일	별묘
	비	여강 이씨(1589-1662)	12월 24일	
고조부모	고	최위남(1611-1662)	5월 25일	
	비	전의 이씨(1610-1691)	9월 16일	
증조부모	고	최경함(1633-1699)	7월 22일	
	비	영양 이씨(1636-1704)	11월 18일	
조부모	고	최수학(1652-1714)	1월 5일	가묘 혹은 대청
	비	예안 이씨	3월 23일	
부모	고	최정석(1678-1735)	7월 16일	
	비	함안 조씨(1682-1765)	8월 7일	
부인		일직 손씨(1700-1740)	4월 4일	
동생		최재열	2월 10일	지방 사용
아들		최주진(1724-1763)		

표 2 최흥원이 지낸 기제사의 종류와 기일

기제사의 종류와 기일이다.

1742년 12월 20일, 최흥원은 죽은 아내의 신주를 가묘 서벽西壁에 들였다. 동벽東壁 아래에 이미 죽은 아우의 신주를 안치해서 봉안할 자리가 없었기 때문이다. 마음이 편치 않았지만, 어쩔 수 없었다.

불천위 제사는 주로 별묘에서 지냈으며, 4대조의 경우에는 신주를 사랑채 마루로 꺼내 모셨다. 사정이 생기면 제례 장소를 바꾸기도 했다. 1736년 아버지 제사 때 어머니가 병환으로 사랑채까지 나오는 것이 어려울 것 같아 안채 마루에서 지냈다. 1739년 아버지 제사 때도 처음에는 신위를 사랑채 마루에 설치하려고 했는데, 어머니가 병으로 사랑채에 나오기 힘들 것 같으니 안채 마루에 제사상을 차리라고 해서, 최흥원은 그대로 따랐다. 1740년 할머니의 기제사는 아내의 병이 위중해서 초당草堂 방에서 지냈다. 조선시대 법과 의례의 실행이 매우 형식적인 것 같지만 실제는 의례를 따르면서도 현실적인 여건을 우선시했다.

최흥원은 제사를 지낼 때 주변과 자신을 깨끗하게 하려고 했다. 할머니의 기제사를 하루 앞두고 해산한 지 10일 지난 부인이 있어 집이 깨끗하지 않을까 봐 최흥원은 둘째 아우 집에서 제수를 준비하게 하고, 신주를 사랑채 마루로 옮겨 제사를 지낼 계획이었다. 그래도 안심이 되지 않아 아침 일찍 산모를 문밖으로 내보내 거리낌을 면할 수 있도록 했다. 이러한 행동이 의리에 어긋나는 것은 아닐까 고민하면서, 최흥원은 다음에 다시 생각을 정리하기로 했다.[38]

최흥원이 주재한 명절 제사로는 정월 대보름·단오·추석·동지 등이다. 명절 제사는 제사 형식을 갖추지 않았기 때문에 '차례'로 불렸고, 참례參禮로 표기한 경우도 많다. 최흥원은 단오를 여름철 제일 으뜸 되는 절일이라고 했다. 추석 차례에는 햇과

일·햇벼·떡·쇠고기 등을 올렸다. 동지에는 한 해에 일어난 중요한 일을 조상에 아뢰기도 했다.

시제는 2월과 8월에 지냈다. 날짜는 일정하지 않았다. 날짜를 미리 정해서 사당에 아뢴 이후 정한 날에 지냈다. 최흥원은 시제 3일 전부터 재계했다. 제행 장소는 대개 별묘였다. 묘제의 경우에는 참여 범위가 친족까지 확대되었다. 최동집 부인 여강 이씨의 무덤은 대구 도장동에, 고조부모의 묘소는 대구 지동에, 증조부모의 무덤은 경산에, 조부와 아버지의 무덤은 대구 광동에, 어머니의 무덤은 대구 도장동에 있다. 따라서 최흥원이 관리하는 무덤은 대구의 도장동·지동·광동 및 경산 등에 위치한다.

무덤이 여러 곳에 흩어져 있어서 10월 묘제는 직지동 6대 조부와 도장동 6대 조모의 묘제를 먼저 지냈고, 지동과 경산의 고조와 증조모, 광동의 조부와 아버지의 묘제를 차례로 지냈다. 특히 광동 묘제는 형제가 모두 모여 지냈고, 나머지는 형제와 자식이 나누어 지냈다. 광동 묘제를 지내고 나서 지역 사람들과 술과 음식을 나누면서 화합의 시간을 가졌다.

최흥원은 제사를 주재하는 사제의 역할을 철저하게 수행하고자 했다. 증조할머니의 기제사를 지내려고 했을 때 서숙이 급하게 말하길 "위패를 모신 상 아래에 개가 토해 놓은 듯 아주 깨끗지 못하니 어쩌겠는가?"라고 했다. 참으로 괴이한 일이어서

곧바로 바깥 마루에 위패를 다시 설치하도록 하고 신주를 내어 와 제사를 지내기도 했다.[39]

　재계는 엄격하게 했다. 정성스러운 마음으로 흩어진 조상의 혼령을 불러 흠향하게 하는 것은 오로지 후손의 정성에 달렸다고 생각했기 때문이다. 아버지의 기일 하루 전 새벽에 일어나 목욕하고 재계했다. 시제에는 제사 지내기 3일 전부터 새벽에 일어나 목욕하고 의관을 갖추고 여러 집사가 함께 모이기를 기다렸다. 재계할 때는 사사로운 일에 관여하지 않아야 하고, 출입도 삼가야 하며, 묘소 가는 길과 주변을 깨끗이 청소하게 했다. 제사 전에는 정침에 신위를 설치하고 물러나 제수를 직접 살피고 새벽까지 잠자지 않고 있다가 닭이 울면 씻고 머리를 빗은 이후 제사를 지냈다.

　물론 재계를 엄격하게 지키지 못 할 때도 있었다. 우선, 재계 날짜에 맞추어 사람들이 일정한 장소에 함께 모이는 게 쉽지 않았다. 1744년 8월 18일 별묘 시제 당시 최흥원은 3일 전인 15일부터 재계에 들어갔으나, 여러 친족은 16일부터 재계했다. 다음 해 8월 시제에도 이틀 전에 오거나 하루 전에 온 사람들도 있었지만, 이들을 제재할 수는 없었다. 최흥원은 병으로 괴로웠고 어머니의 건강도 좋지 않은 상황에서 시사에 참석하여 잔을 올려야 할 때는 남에게 머리를 빗기게 하고 세수를 시킨 다음

재계했는데, 몸을 깨끗하게 하지 못하여 두려운 마음이 들기도 했다.[40]

또 하나의 문제는 재계 시 손님의 방문이다. 최흥원은 재계할 때는 외출을 자제했을 뿐만 아니라 손님을 맞이하지도 않았다. 재계 중에는 어머니의 아침 문안도 생략했다. 그럼에도 어쩔 수 없이 손님을 맞이해야 할 때도 있었다. 아버지의 기일 재계 때 홍우정라는 자가 방문했는데, 제사를 앞두고 있어 만나고 싶지 않았다. 그렇지만 아버지가 아팠을 때 긴요한 약재를 많이 얻었던 고마움 때문에 잠시 이야기를 나누고 식사를 대접하고 돌려보냈다.

> 오직 나 자신을 반성하고 뜻을 굳건히 해 정성껏 접대하는 것을 요법으로 삼을 뿐이다. 갑자기 뭇사람과 달리 처신하며 고고한 체하다가 괜히 시속의 기롱을 당하고 마음을 다스리는 데 해로울 것이니 또한 경계할 점이 작지 않다.
>
> — 1745년 3월 22일

최흥원은 재계하는 날 다른 사람과 더불어 수작하고 접대하는 일은 하고 싶지 않았지만 용감하게 행동하지 못한 자신이 한탄스럽기도 했고, 재계를 엄격하게 하고 싶었지만 세평을 신경 쓰지 않을 수도 없었다.[41] 이래저래 매우 인간적인 고민이다.

제사 예법, 원칙과 시속 사이의 고민

최흥원은 제사를 정성껏 모시는 가운데 단순히 시속만을 따르지 않고 예법에 맞는지 그렇지 않은지 고민하는 모습이 종종 확인된다. 1739년 3월 23일 할머니의 제사를 지낸 후에 최흥원은 사람들에게 술과 떡을 대접하는 것은 예의가 아니라고 생각했지만, 습속을 갑자기 바꾸기도 어려워 본인의 의지를 꺾고 시속을 따랐다. 자신의 의지와 견해가 명백하지 못한 것에 대해 최흥원은 스스로 부끄러웠다.[42]

사촌 집에서 제사를 지낸 뒤에 류상일 군이 닭 한 마리를 제수로 보냈다. 이런 경우에는 대부분 받지 않으나 풍속을 어지럽게 할까 싶어 사촌에게 받도록 했다. 증조할머니의 기제사를 지낸 날 참례를 지낸 적이 있다. 기제사를 지내는 날에 명절 제사를 지내는 것이 맞지 않는 듯했으나, 우선 시속을 따르고 훗날 다시 생각해 보기로 했다.[43]

네제 예법도 고민이었다. 네제는 부모님에게 지내는 제사이다. 아버지는 1735년에 사망했지만, 네제를 처음으로 지낸 것은 1743년이다. 네제는 9월에 지낸다. 8월에 네제 날짜를 정한 이후 사당에 고사를 지내고, 네제 당일 아버지의 신주를 꺼내 마루에서 지냈다. 최흥원은 1745년에 네제를 지내면서 품절은 잃지 않고 간소하게 품식을 정하여 지내고자 했다. 음복례에 해당하는 '수조受胙'는 예법에 합당하지 않다고 생각했지만 없애지 못했다.[44] 다음 해인 1746년에는 수조나 제사가 끝났다고 알리는 고이성告利成 등의 절차를 거행하지 않았다.

최흥원은 예법에 밝은 선학들의 의견을 참고하여 제례 예법을 만들기도 했다. 설날에 소를 잡아서 제사를 지내는 것은 시속에서 일반적으로 행하나, 결국은 도축 금지법을 위반하는 일이다. 최흥원은 법을 두려워하지 않는 것은 아니지만 고기를 사서 쓰면 불결하다고 여겨 법을 어겨 가면서 소를 잡았는데, 이는 국가를 속이는 행위이고, 고기를 사서 쓰는 것은 스스로를 속이는 것으로 생각했다. 최흥원은 퇴계 이황이 "소를 잡아서 제사를 지내는 것은 예가 아니다"라고 말했기 때문에 이 가르침을 따르고자 했다. 아내의 기제사가 얼마 남지 않았는데, 장모의 장사를 치르기 전이어서 최흥원은 아내의 기제사를 지내지 않기로 했다. 이는 예학에 밝은 우복 정경세(1563-1633)의 설을 따른 것이다.[45] 이처럼 최흥원은 원칙과 시속 사이의 고민 속에

서 자신의 판단과 선학들의 예법을 참고하여 옻골 최씨만의 가
례를 만들어 나갔다.

제수의 마련과 감독

최흥원은 제수를 마련하거나 제수 품목을 대부분 직접 정했
지만, 해안 할아버지와 신녕 할아버지를 모시고 제수에 대해 의
논한 적도 있다.[46]

> 16일의 선친 기제사를 위하여 종을 대구부 시장에 보
> 내어 제수를 미리 마련했다.
>
> — 1745년 7월 12일

> 3냥의 돈을 보내어 부중의 도판장屠販場에서 제수용 소
> 고기를 사 오도록 했으나, 아직 돌아오지 않았다. 오후
> 에 소고기를 사 왔는데, 너무 적어서 아마도 모양새가
> 없을 것 같기에 재사齋舍의 돈을 보내어 하양 시장에서
> 바닷물고기를 사도록 했다.
>
> — 1749년 10월 8일, 9일

제수가 부족하여 오늘 또 시장으로 조기 30여 마리를
사러 보냈다.

— 1760년 10월 7일

홍록이 제수로 쓰기 위하여 부중 시장에서 송아지를
샀다.

— 1770년 8월 12일

최흥원은 제수 마련을 위해 대구부 시장, 하양 시장, 자인 시
장 등에 심부름꾼을 보내, 송아지, 소고기, 생선, 전복, 과일 등
을 구해 오도록 했다. 비교적 경제적 여유가 있었음을 알 수 있
다. 묘제를 지내기 위해 대구부 시장에서 제수용 소고기를 구입
하도록 했으나, 양이 적어서 다음 날 하양 시장에 종을 보내 생
선을 사서 제수에 보태기도 했다. 숙부의 기제사에 쓸 소고기를
대구부 시장에서 사도록 했는데, 그때 소를 잡지 않아서 대신
해안 시장에서 돼지고기를 구해서 제수로 사용했다.[47]
할머니의 기일 전날에 성석 아재가 민물고기 1마리를 보내
와서 제사상에 올리기도 했다. 제사에 참석하는 사람들이 제수
에 보태기 위해 닭, 대구, 숭어, 마른 어물, 전복 등을 가지고 왔
는데, 이것들도 제수로 장만하도록 했다. 숭어를 보내 주는 사

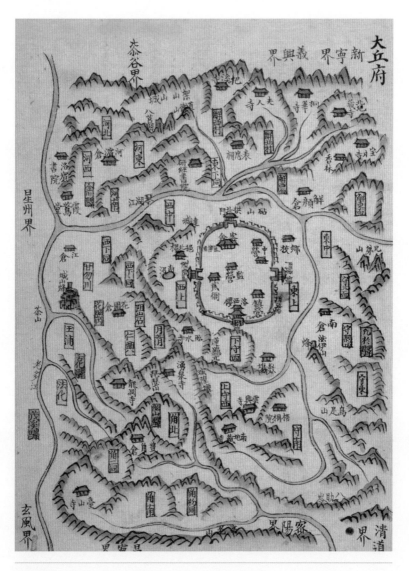

그림 12 《해동지도》, 〈대구부지도〉, 서울대학교 규장각 한국학연구원

람이 있어 회를 떠서 올렸고, 수박이나 잘 익은 홍시를 사당에 올리기도 했다. 네제 지내기 전에 쏘가리 6-7마리를 얻었는데, 쏘가리는 평소 최홍원의 아버지가 즐기던 것이어서 제수로 사용했다.[48]

최홍원은 아버지, 아내, 죽은 동생의 제사 때에는 더욱 슬퍼하거나 애잔한 마음이 들었다. 특히 아내의 기일에는 제수를 너무 적게 장만하여 마음이 더욱 슬펐다. 이는 집이 가난한 탓도 있지만 아내의 유언을 따랐기 때문이라고 최홍원은 말했다.[49] 최홍원은 제수 품목을 직접 정했는데, 품목 선정에 엄격하지는 않았다. 형식에 얽매이기보다는 신선하고 망자가 생전에 좋아했던 음식을 제사상에 올리고 정성을 다하고자 했다.[50]

5

혼인,
집의 격을 높이는 데
기여하다

경주 최씨 입향조 9세 최동집부터 14세 최흥원 대까지 옻골 최씨와 혼인한 성씨를 확인할 수 있는 인물은 66명이다. 9세부터 11세까지는 옥천 전씨, 인천 채씨, 달성 서씨, 영천 이씨 등 주로 대구의 양반들과 혼인했다. 대구 지역 양반과의 관계망 형성을 통해 지역에서의 기반을 구축했다.

12세부터는 예안 이씨를 비롯하여 의성 김씨, 풍산 김씨, 고성 이씨 등 안동 지역의 양반과 혼인이 이루어졌으며, 영천의 오천 정씨, 성주의 벽진 이씨, 경주의 경주 이씨 등과도 혼인했다. 혼인 대상이 경상도 전역으로 확대되었다. 옻골 최씨가 12세부터 안동 지역으로 혼인이 이루어지는 데는 11세 최경함의 노력이 컸다. 그는 안동 풍산 우릉의 예안 이씨를 며느리로 맞이했다. 아버지는 호군 이지표이고, 외조부는 지방관을 역임했던 풍산 김씨의 김시리이다. 최경함은 사위가 9명인데, 7번째 사위 김서린은 안동 풍산 오미동의 풍산 김씨로, 서애 류성룡의 문인인 학호 김봉조(1572-1630)의 현손이다. 예안 이씨와 혼인한 것이 계기가 되어 인근 마을의 풍산 김씨와도 혼인이 이루어진 것 같고, 하회의 풍산 류씨와도 혼인이 이루어지게 되었다.

한편 최경함의 첫째 사위는 김세흠으로, 안동에 거주하는 의성 김씨 김태기의 아들이다. 그의 재종조再從祖는 숭정처사로 불리는 김시온(1598-1669)이다. 의성 김씨는 퇴계학파 내의 학봉계(김성일계)를 주도하던 성씨 가운데 하나이다. 김태기는 갈암 이현일(1627-1704)과 고산 이유장(1625-1701) 등 영남학파의 주요 인물들과 교유했다. 김세흠은 이현일의 문인으로, 1687년(숙종 13) 문과 급제하여 사헌부 지평, 홍문관 수찬 등의 청요직을 지냈다. 13세 최인석도 학봉 김성일의 현손녀를 아내로 맞이하여, 옻골 최씨는 의성 김씨와 중첩 혼인이 이루어졌다.

이는 의성 김씨와 가까운 여러 인사들과 교유하는 계기가 되었다. 최흥원은 김강한(1719-1779)과 교유했는데,[51] 그는 약봉 김극일의 6세손으로, 어머니는 퇴계 이황의 중형인 이해李瀣의 후손이다. 김강한은 이현일의 문인인 제산 김성탁에게 배웠고, 김성탁의 아들인 김낙행도 스승으로 모셨으며, 이상정과도 교유했다. 옻골 최씨는 의성 김씨와의 혼인으로 영남의 명문인 의성 김씨의 관계망 속에 편입될 수 있었다.

14세 최홍원은 증조부에 이어 안동의 명망 있는 가문과 혼인하려고 노력했다. 12-13세가 의성 김씨와 중첩 혼인을 했다면, 14-15세는 안동 지역에서 의성 김씨와 쌍벽을 이루는 하회의 풍산 류씨와 거듭 혼인했다. 최홍원의 매부는 하회의 류성복으로, 류성룡의 후손이다. 종매부는 류응춘으로, 류운룡의 후손이다.[52]

최홍원 대에 이르러서 옻골 최씨는 영남 지역에서 최고의 혼반을 형성했다. 이는 가격家格이 높다는 것을 의미한다. 물론 혼인 대상은 영남 지역을 벗어나지 않았다. 최홍원이 퇴계학파의 주류에 편입되려고 공을 들인 만큼 당시 서인이 많은 대구 혹은 상주 지역과는 혼담이 거의 없었다. 최홍원은 영남의 명망 있는 집과 혼인하기 위해 노력했고, 영남의 다른 집에서는 옻골 최씨와 혼인하기 위해 분주했다.

아들 주진의 혼인

최홍원의 아들 주진周鎭에게는 두 번의 혼담이 있었다. 첫 번째는 의성의 아주 신씨이다. 1738년 8월 28일에 의성 출신의 아주 신씨 신진귀가 조카딸이 있어 청혼했으나, 최흥원은 아들 주진의 나이가 어리다는 이유로 허락하지 않았다. 다음 해 3월 5일에도 정씨 어른이 신씨와 혼인을 맺도록 힘을 썼다. 최흥원은 만약 지금 답을 하면 혼담이 오갈 터인데, 저쪽 집의 사정을 자세히 알지 못하고 아들도 나이가 어리기 때문에 혼인을 급하게 결정하고 싶지 않다고 은근히 거절했다.

두 번째 혼담은 하회의 풍산 류씨이다. 1743년 1월 18일 류영柳泳이 최흥원 집안과 혼인할 뜻이 있다고 편지로 알려 왔다. 2월 10일과 3월 7일에 최흥원과 가까운 사이인 하회의 '류호이柳浩而'라는 자가 류영이 최흥원 집안과 혼인할 뜻이 확고하다고 다시 알려 주었다. 4월 30일, 양쪽 집은 혼인하기로 했다.

> 낮에 하상河上 류영 씨 집 심부름꾼이 왔다. 곧 사주단자를 들고 온 심부름꾼인데 편리함을 좇아서 온 김에 아울러 의양단자를 청했으니, 이것은 실례 중에서도 또 실례이다. 그러나 저쪽에서 이미 시속의 간편함을 따르고자 하는데 하필 나 혼자만 무리들과 달리 고고하게 굴 수 있겠는가.
>
> — 1743년 8월 18일

그림 13 김홍도, 《단원 풍속도첩》, 〈신행길〉, 국립중앙박물관

류씨 쪽에서 사주단자와 옷의 치수를 적은 의양단자를 함께 요청하자, 최흥원은 시속의 간편함을 따르는 류씨의 방식이 마음에 들지 않았지만 튀지 않으려고 그대로 따랐다. 최흥원이 사주단자와 의양단자를 보내자, 류씨 쪽에서는 11월 13일로 택일하여 혼인 날짜를 알려 왔다.

최주진은 혼례를 치르기 전에 관례를 치렀다. 11월 7일 아호를 쓰던 '용령龍嶺'에게 '주진'이라는 이름을 주었다. 8일에 주진의 혼례를 치르기 위해 말을 널리 구했으나 부릴 만한 것이 하나도 없었고, 오직 처남 손진민이 보낸 말만 탈 만했다. 손진민에게 주진은 죽은 누이의 아들로, 그에 대한 마음이 특별했을 것이다. 손진민은 또 가죽 장식된 농 한 바리와 여자가 패용하는 은장도 하나를 신부에게 보태 주었다. 최흥원도 그가 죽은 누이의 뜻을 따른 것으로 생각했다.

혼례는 신부 집에서 치렀다. 11월 9일은 주진이 혼례를 치르기 위해 떠나는 날인데, 사람들이 솜옷 입는 것을 괴로워할 만큼 겨울 날씨치고 너무나 따뜻했다. 주진은 떠나기 전에 먼저 사당에 가서 아뢰었다. 보러 온 사람은 종인宗人 성산 아재, 외숙 조趙, 김용여 군, 류상일 군, 그리고 주문성이었다. 남보석南補石은 관례를 치르고 왔으니 더욱 사랑스러웠다. 부노 무리들도 모두 와서 인사했다. 10일에 흐리고 구름이 남서쪽에서 북

동쪽으로 몰려가더니 비가 부슬부슬 내렸다. 둘째 아우가 거느리고 나선 혼례 행차가 군색할까 봐 마음이 쓰였다. 13일에는 비가 오지 않아서 최흥원은 다행으로 여겼다.

아들이 혼례를 치르러 간 사이 최흥원은 신부에게 줄 농에 황색 칠을 해 두었는데 마르지 않아서 버릴 처지가 되었다. 너무 아까워 농을 고쳐 꾸미려고 아당을 대구부 시장에 보내 황색 칠 몇 홉을 구하여 오도록 했다. 21일 하회에서 온 심부름꾼이 돌아가는 길에 막남을 보내어 이바지 음식에 답례했다. 겨우 모양만 갖춘 것에 대해 슬픔과 부끄러움을 느꼈다.[53]

23일 하회에서 보내온 음식을 혼자 먹기가 마음에 걸려 지묘의 여러 일족을 불러 한나절 즐기려고 했으나 대부분 일이 있었다. 오직 입암 일족 할아버지, 영천 일족 할아버지, 슬곡 일족 어른 등 세 사람만 왔다. 술자리를 가지다가 날이 저물어서 자리를 파하였다. 이제 혼례는 무사히 마쳤고, 주변에 인사도 끝냈다. 혼수 장만에 든 외상값만 갚으면 되었다. 12월 26일에는 비단 장수에게 외상으로 구입했던 혼수 값 48냥 6전을 갚았다.

옻골 최씨는 1750년에도 풍산 류씨와 혼사가 있었고, 1751년에도 풍산 류씨가 옻골 최씨와 혼인할 의사를 내비쳤다.[54] 이는 18세기 옻골 최씨가 영남 최고의 가격家格을 유지하고 있음을 말해 준다.

사촌 아우 흥부의 혼인

사촌 아우 흥부興溥(1720-1796)는 인동에 거주하는 인동 장씨
와 혼인했다. 최흥원이 사촌 아우의 혼인을 주관했다. 최흥원은
1742년 1월 12일에 흥부의 혼처를 장 진사 집으로 정했다. 1월
18일 장 진사 집에서 사주단자를 청하는 심부름꾼이 왔다. 다음
날 장 진사의 편지에 답장하고 사촌 아우의 사주단자를 보냈다.

이후 최흥원은 혼인을 치르기 위한 준비로 바쁜 나날을 보
냈다. 2월 1일에는 사촌 아우의 혼수를 장만하기 위해 부노 태
걸에게 돈 15냥을 마련하도록 했다. 22일에는 아당과 철수한테
사촌 아우의 혼례에 쓰기 위한 혼서지婚書紙, 인전도引剪刀 등을
구하라고 했다. 23일에는 성산 일족 어른과 함께 이후而厚에게
가서 신랑 예복을 빌렸다. 28일에는 묘동에서 혼함을 빌려 왔
다. 3월 3일에 서촌 할아버지가 대구부 시장에서 채단을 구했
고, 쓸 만한 도구도 모두 빌려 왔다. 대명동에서 빌린 신랑의 예
복과 사모관대도 가지고 왔다.

3월 4일에는 폐물을 쌌다. 문중의 노소들이 모두 모였을 때
사촌 아우에게 관복을 갖추어 입히고 예식을 익히도록 했다. 그
가 옛 생각에 젖어 눈물이 그렁그렁하여 떨어지려는 것을 보니,
최흥원도 목이 메었다. 종 10명과 말 4필이 혼례 행사 준비를

마치고 대기하고 있었다. 5일 아침 일찍 밥을 먹은 뒤에 혼례 행차를 꾸려 보냈다. 3월 6일에는 흐리다가 아침부터 가랑비가 내렸다. 혼례가 있는 날인데, 종일 비가 크게 쏟아져 한탄스러웠다.

군약이 떡, 과일, 생선, 고기를 마련해서 왔다. 임시 거처에 머무는 최흥원을 위로하기 위한 것이었다. 최흥원은 두터운 정의에 고마움을 느꼈다. 다음 날에는 마을의 여러 일족이 맛난 떡과 좋은 고기를 많이 장만하여 더부살이하는 최흥원에게 대접했다. 최흥원은 마을 주민들의 따뜻한 호의에 고마움을 넘어 오히려 부끄러움을 느꼈다.

3월 8일 새벽에 비와 눈이 번갈아 내렸다. 이상기후였다. 혼례 절차를 끝내고 돌아오는 중일 것인데, 짓궂은 날씨 때문에 또 마음에 걸렸다. 낮에 막내아우가 종들을 거느리고 먼저 돌아왔다. 그들이 접대해 준 것을 들어 보니 많이 군색한 거 같았는데, 이는 가난한 형편 때문으로 간주했다.

3월 9일 흐리다가 오후에 갰다. 사람들이 말하기를, 산골짜기에 눈이 한 자 가까이 쌓였다고 했다. 해가 질 무렵 사촌 아우의 신행이 무사히 돌아왔다. 그의 옷과 이불이 기대 이상이었다. 3월 10일에는 문중 사람들을 초대해서 사촌 아우의 처가에서 보낸 음식을 나누어 먹으며 즐겁게 보냈다. 심부름꾼을 돌려

보낼 때 최흥원도 정성껏 음식을 장만해서 보냈으나, 너무 보잘 것없어 부끄럽다는 말을 전했다. 4월 2일, 처가에서 사촌 아우를 데리고 가려고 심부름꾼을 보내서, 아우가 처가로 길을 떠났다. 4월 7일에는 묘동에서 빌린 혼함을 돌려주었다. 몇 달에 걸친 혼인과 관련된 의례도 무사히 끝났다.

조카 사진과 상진의 혼인

　조카 사진思鎭과 상진尙鎭은 둘째 아우의 아들이다. 사진은 혼인하기까지 여러 번의 우여곡절이 있었다. 혼담은 1743년부터 있었다. 11월 10일에 퇴계 이황의 후손인 이홍약이 편지를 보냈다. 예안의 의인에 사는 이세태는 집안사람으로 둘째 아우집과 혼인할 뜻이 있다는 내용이었다. 최흥원은 급히 사람을 보내 행차 중인 둘째 아우에게 이 사실을 알렸다. 혼처가 마음에 들었기 때문이다. 11월 28일에 최흥원은 사진의 혼처를 의인으로 허락했다.

　그런데 두 집안에서 합의한 혼인 날짜를 둘째 아우가 미루었다. 상대방은 편지로 언짢은 마음을 드러냈다. 12월 16일 둘째 아우가 이홍약의 편지를 보고 당초 경솔하게 기한을 물린 것

을 후회하면서, 사람을 시켜 그에게 사죄하는 마음을 전하려고
했다. 최흥원은 둘째 아우의 자세가 좋다고 생각했지만 무슨 일
이든지 지나간 뒤에는 되돌리기 어려우므로 어떻게 결말이 날
지, 속죄할 수 있을지 모르겠다고 생각했다.[55] 결국 혼인은 성사
되지 않았다.

다음에는 의성 구미龜尾의 아주 신씨 신천임 집안과 혼인하
기로 했다. 이번에도 둘째 아우는 아주 신씨와 혼인을 할 수 없
는 사정이 생겨, 상대방에게 그러한 사실을 알렸다. 아주 신씨
쪽에 죄를 지은 심정이었기 때문에 둘째 아우가 신의를 해칠까
봐 아픈 가운데 더위를 무릅쓰고 신천임을 찾아가서 정중하게
사과했다.[56]

세 번째는 하회의 류산음柳山陰이 중매하여 영천(오늘날 영주)
의 김서절 집과 혼담이 있었다. 그런데 상대방이 사주단자를
청하는 심부름꾼을 보내지 않아 괴이쩍게 생각했다. 혼담이
오간 지 몇 달 뒤에야 상대방은 혼담을 없던 일로 하자고 알려
왔다.[57]

결국 사진은 안동 소호리의 이상정 집안으로 장가들었다.
최흥원은 매우 흡족했다. 사진 역시 혼례를 치르기 전에 관례를
치렀다. 1744년 12월 13일 식후에 외가가 있는 원북의 막내 사
촌이 먼저 오고, 저물녘에 외숙부도 왔다. 15일에 사진의 관례

를 행했는데, 의식을 준비하지 못하여 부형의 도리에 맞지 않은 것 같아 한스러웠다. 18일 식후에 용채라는 아명 대신 '사진'이라는 이름을 주었다.

19일의 혼례 행차는 셋째 아우가 인솔했다. 삼가三嘉의 일족 어른과 사촌 조국로가 와서 그가 떠나는 것을 보고 돌아갔으며, 여러 일족이 보러 왔다가 저물어서 모두 돌아갔다. 20일에 인발이 하회에서 돌아와 매부 류성복의 편지를 받아 보았는데, 눈보라 속에도 탈 없이 도달했다고 하여 위안이 되었다. 사진도 편지로 소식을 전해 주어 기뻤다. 다만 셋째 아우가 가는 도중에 혼례 행차에 필요한 짐을 가지고 가기가 아주 힘들다고 알려 와서 염려스러웠다. 다음 날에도 혼례 행차가 걱정되어 마음을 놓을 수가 없었다. 22일은 사진이 혼례를 치르는 날인데, 날씨가 매우 추워 최흥원은 걱정을 떨칠 수가 없었다. 28일 저물녘에 셋째 아우가 사진을 데리고 집으로 돌아왔다. 자세히 들어보니, 신부가 아주 예쁘다고 하여 최흥원은 나름 흡족했다.

한편, 밀양에 사는 최흥원의 처남 손진민(1696-?)은 딸을 최흥원의 둘째 조카 상진과 맺어 주려고 했다. 아내가 죽은 뒤 1년이 지난 1741년 9월 20일-28일에 최흥원은 처가에 머물렀다. 28일 장모에게 작별 인사를 하고 길을 떠나려는데, 손진민이 조카를 시켜 최흥원을 다시 문 안으로 맞아들이게 했다. 손진민은 "여

식의 혼사는 반드시 둘째 아우 집으로 결정하여 결단코 다른 뜻이 없다는 뜻으로써 돌아가 말하여 주게"라고 했다. 최홍원은 "우리 두 집안이 말을 하지 않았다면 그만이겠으나 이미 말을 꺼냈다면 일이 아주 중대하게 되었습니다"라고 했다. 손진민이 다시 말하길, "나의 뜻은 아주 확고하네"라고 했다.

최홍원은 장모의 대상大喪에 참석하기 위해 1743년 1월 28일에 처가로 향했으며, 거기서 여러 날을 보냈다. 2월 5일 밤이 깊은 뒤에 손진민이 또 혼담을 꺼냈는데, 말의 뜻이 아주 굳건했다. 최홍원도 부탁을 물리치기가 어려웠으므로 돌아가서 둘째 아우와 의논해 보겠다고 했다. 1744년 4월에도 최홍원은 처가의 제사에 참석하기 위해 밀양 죽서에 갔다가 거기서 며칠 머물렀다. 손진민은 기회를 놓치지 않고 4월 16일 밤에 다시 딸의 혼사에 대해 말했다. 그는 최홍원의 둘째 조카와 혼인을 시키기로 굳게 결심했으며, 가을이 되기를 기다리겠다고 했다.

결국 두 집안은 혼인하기로 했다. 상진도 혼례 이전에 관례를 행했는데, 아명 '용휘' 대신 '상진'을 이름으로 받았다. 일족 사람들이 많이 오지 않아서 몹시 적적했다.[58] 20일에 떠나는 상진의 혼례 행차는 셋째 아우에게 부탁했다. 최홍원은 굳이 갈 이유가 없으나, 사돈 쪽에서는 최홍원이 오길 은근히 바라고 있었다. 최홍원도 다시 생각해 보니, 아이들의 어미가 살아 있다면 틀림없이 갔을 것이므로, 감회가 일어 곧 뒤따라 나섰다. 가는 길에 경흥사慶興寺에서 하룻밤 묵고, 21일 아침 일찍 밥을 먹고 길을 떠났으나 몇 리를 못가서 신임 관찰사를 만나 신점新店에서 잠시 쉬었다. 처가에서 겨우 10여 리 떨어진 장연촌長淵村에서 다시 하룻밤 묵었다.

혼례는 와요瓦要에서 치르기로 했다. 그런데 손진민은 진도 수령으로 관아 업무 때문에 참석하지 못했다. 혼례를 원만하게 치르기는 어렵겠으나 사정을 헤아릴 수 있으니, 한탄할 것은 못 되었다. 22일 새벽에 납폐했는데, 부노 하징을 사자使者로 했다. 해거름 할 때 전안奠雁하고 교배례交拜禮를 행했다. 최흥원은 그 옆에 서서 보았다. 신랑과 신부가 모두 아름답고 덕스러운 용모가 있어서 사랑스러웠다. 날도 길하니 더욱 기뻤다.

23일에 최흥원이 신부를 다시 보니 더욱 사랑스러웠다. 상진 부부가 반드시 큰 복을 누릴 것 같아 다행스러웠다. 24일에 신부를 보고 아녀자의 직분에 대해 몇 마디 해 주었다. 나중에 그 효과가 나타날지 지켜볼 작정이다. 25일 밥을 먹은 뒤에 신부를 한 번 더 봤다. 이어 신랑과 함께 길을 떠나 저물녘에 성현역에 당도했다. 셋째 아우는 거기에 먼저 와 있었으며, 함께 머물러 잤다. 26일 아침 일찍 밥을 먹고 다시 길을 나섰다.

밀양의 손진민은 자신의 딸을 최흥원 집에 시집보내려고 몇

년을 걸쳐 정성을 들였다. 손진민의 누이는 최흥원과 혼인했고, 딸은 최흥원의 조카와 혼인했으며, 손녀도 최흥원의 조카 화진과 혼인했다. 옻골 최씨가 영남의 명문이었기 때문에 일직 손씨는 중첩 혼인을 통해 옻골 최씨와 혼반을 형성하려고 했다. 최흥원은 안동권으로 혼인을 집중하면서도 밀양권과의 혼반을 유지하여 관계망을 공고히 했다.

혼인 성씨들과의 교유

옻골 최씨는 혼인한 성씨들과 어떻게 교유했을까? 최흥원의 아버지 최정석은 대구 원북의 함안 조씨와 혼인했다. 최흥원과 형제들은 원북의 외증조부모, 외조부모 등의 제사에 참석하거나, 안부 차 혹은 오가는 길에 원북을 방문하기도 했으며, 외가쪽의 사촌들도 최흥원 집에 자주 놀러 왔다. 제수용품을 주고받거나 쌀·숭어·환약·전복 등의 음식과 약 등 생활용품도 나누었으며, 이항복의 문집인 『백사집』을 비롯한 몇 권의 책을 빌리기도 했다. 최흥원은 외가가 가난하여 제전祭田을 나누어 주었으며, 외할아버지의 기일에는 제수를 챙겨 보냈기도 했다.

최흥원의 처가는 밀양 죽서이다. 장인은 경상좌도 수군절도사를 역임한 손명대이다. 일기에는 처남 손진민, 손진방 형제가 자주 등장한다. 손진민은 1730년(영조 6) 무과에 급제하여 개천군수, 진도군수, 병마절도사, 오위도총부 부총관 등을 역임했다. 두 집안 사이에 편지가 자주 오고 갔을 뿐만 아니라 물품도 빈번하게 주고받았다. 처가에서는 인삼 한 돈, 환약 다섯 알을 주거나, 기장쌀 두 말, 수박 다섯 개, 참외 열 몇 개 등을 한꺼번에 주기도 했다. 최흥원 역시 처가에 생활용품을 비롯하여 돈도 여러 번 보냈다. 서로가 물질적으로 정서적으로 큰 힘이 되었다. 진도수령을 역임 중인 처남은 수시로 전복, 민어, 빗, 매, 돈 등을 보내기도 했다.

둘째 제수씨의 친정인 안동 법흥, 막내 제수씨의 친정인 경주 하곡, 현풍에 사는 곽정郭珽에게 시집간 사촌 누이와 곽씨 조카들, 종수씨從嫂氏의 친정인 인동 오산의 인동 장씨와도 교류가 있었다. 책을 빌리거나 선물을 주고받거나 어려운 일이 생기면 도와주기도 했지만, 외가와 처가에 비해 물품의 교류는 적었다. 안부를 비롯한 연락을 주고받는 내용이 주를 이루었다.

1740년 8월 22일-23일에는 옻골 최씨와 혼인한 여러 성씨들이 최흥원 집에 모여 함께 시간을 보냈다. 석전, 하회, 순흥, 지례, 의령에서 손님이 왔는데, 석전의 광주 이씨, 하회의 풍산 류씨, 지례의 의성 김씨 등은 옻골 최씨와 혼인이 이루어진 성

씨이다. 이들은 평소에도 서로 책을 빌려주고 공부하다가 의문
나는 점에 대해 질의하거나 함께 토론하기도 했다.

박 사장査文 집에서 『장릉지莊陵志』 2책을 빌려 왔다.

— 1739년 3월 13일

상만이 하상河上[하회]에서 돌아왔는데, 『서애집』 9권과
『징비록』 1권을 빌려 왔다.

— 1741년 6월 9일

상만을 하상에 보내면서 『예의보유』 3책을 매형[류성복]
에게 빌려주었다.

— 1743년 1월 12일

하상 심부름꾼이 돌아가는 길에 류희연[류성복]에게 『근
사록』 4책을 보냈는데, 묻고 배우기를 바란다는 뜻으로
마지막 권의 표지 안쪽에 써서 주었다.

— 1748년 1월 2일

둘째 아우가…김탁이金濯而[김강한의 자字]의 사칠이기론

四七理氣論에 대한 의혹이 갑자기 풀렸다고 한다.

— 1746년 5월 23일

최홍원은 사돈 집안과 물품을 주고받으면서 경제적인 교류
도 했지만, 수시로 책을 빌려주거나 공부하는 가운데 모르는 것
에 대해 질의하는 등 지적 정보도 공유했다. 박 사장査丈 어른이
최홍원 집에 머무를 때 함께 담론하면서 최홍원은 이전에 듣지
못했던 것을 들었다. 특히 사장의 의론은 치우치지 않는 가운데
고상한 견해를 보인 점에서 솔깃했다. 상대를 귀하게 여기는 마
음으로 고기반찬을 대접했다.[59]

최홍원의 조카는 이상정 집안의 딸과 혼인했다. 며느리가
신행 올 때 이상정과 이광정 형제가 함께 올 것으로 기대했으
나, 이광정만 왔다. 최홍원은 이들을 직접 맞이했다. 신부가 예
를 행하는데, 행동거지를 보니 속된 부녀자가 아니란 것을 알
만하여 매우 사랑스럽고 귀한 마음이 생겼다. 그때 원북의 외숙
부도 왔다. 다음날에는 조중길이 와서 이광정과 어울렸다. 여
러 가지 이야기를 나누는 가운데 이광정은 사칠설四七說을 강론
하기도 했다. 최홍원은 이광정과 함께 시간을 보내는 가운데 의
지할 뜻을 품게 되었다.

이처럼 조선시대의 사돈은 형식적인 관계에 그치는 것이 아

니라 학문과 사상 및 정치를 논하는 벗이 되기도 했다. 이러한 과정을 통해 사돈 집안끼리는 비슷한 학문적 성향을 띄게 된다. 혼인을 매개로 집단 지성이 형성된 것이다. 혼인은 학문적 위상과 사회적 위상을 결정하는 데 매우 의미 있는 행위이다. 혼인에 심혈을 기울이는 이유이다.

자녀 교육,
최고의 매니저였다

양반의 자제 교육은 대체로 집에서 이루어지거나, 집안의 어른이 관리했다. 아이가 태어나면 6-7세까지는 안채에서 어머니 혹은 조모를 비롯한 여성들의 보살핌을 받았으며, 외가에서 지내기도 한다. 여아의 경우 혼인할 때까지 어머니 밑에서 여성이 갖추어야 할 생활 규범과 덕목을 익힌다. 남아는 7-8세가 되면 활동 공간을 사랑방으로 옮기며, 아버지와 조부를 비롯한 남성들에게 교육을 받는다.

공부를 통한 입신양명은 집안의 격을 높이는 요소 가운데 하나이다. 교육을 담당하는 것은 남성이지만, 여성들에게는 남성들이 공부에 전념할 수 있는 자세를 요구했다. 최홍원의 어머니는 며느리들에게 "부녀자들은 마땅히 스스로 가사를 다스려

야지 지아비나 자식들을 번거롭고 힘들게 하여 공부에 방해가 되도록 해서는 안 된다"는 뜻을 강조했다.[60]

애틋한 아들과 손자의 공부

최흥원이 관리한 자제 가운데 가장 정성을 기울이고 마음을 쏟은 것은 당연히 아들 주진이다. 주진의 공부에 대한 내용은 일기가 시작되는 1737년 1월 20일부터 시작된다. 주진의 나이 14세로 이미 공부할 나이다. 이날 현풍에 사는 사촌 누이가 시댁으로 돌아갈 때 주진을 함께 보내어 의령에서 처가살이하는 조선적에게 배우도록 했다. 최흥원은 학문에 대한 이치를 깊이 터득한 조선적에 대한 믿음이 컸다. 그래서 그에게 자제들의 교육을 맡기고 싶었다.

최주진은 조선적에게 1년 이상 머물며 배웠다. 그때 최흥원은 수시로 주진에게 연락하면서 격려했다. 한 달 보름 정도 지난 3월 10일에는 인편을 통해 주진에게 벼루를 담는 연갑硯匣을 비롯하여 종이, 붓, 먹 등을 보냈다. 4월 19일에 최흥원이 주진에게 주려고 특별히 주문한 붓 10자루가 도착하자, 다음 날 바로 붓 7자루와 종이 15장을 아들에게 보냈다. 6월 17일에는 조선적에게 문안 편지를 부치고, 아들에게는 먹 2정丁과 돈 1꿰미를 보냈다. 아들이 공부하러 떠난 지 반년이 지났기 때문에 갈수록 마음이 쓰였다. 계절이 바뀌었는데도 아들에게 옷가지와 먹을 것들을 마련하여 보내지 못한 답답한 심경을 8월 16일의 일기에 적기도 했다.

9월 10일에 조선적이 주진을 데리고 돌아와서 최흥원은 마음의 위안을 얻었다. 주진은 한 달 반 정도 집에 머물다가 10월 26일에 다시 조선적에게 갔다. 최흥원은 떠나는 아들 손에 돈 2냥과 종이 1묶음을 쥐어 줬다. 공교롭게도 그날 오후에 바람이 불고 추워져서 최흥원은 길을 떠나는 아들이 염려되었고 마음은 더욱 스산했다.

최흥원은 다시 조선적에게 공부하러 간 아들이 어떻게 공부하고 있을지 궁금했다. 그런데 11월 21일에 주진이 오한과 발열 증세가 있다는 소식을 듣고 몹시 걱정되었다. 12월 10일에 종이 열 몇 장과 오미자를 아들에게 보냈다. 12월 28일, 아들이 계속 아프다는 소식을 듣고 나서 걱정이 멈추질 않았다. 그 사이의 사정은 알 수 없지만, 주진은 1738년 10월 1일에 조선적의 집에서 돌아왔다. 아들과의 오랜만의 상봉에 최흥원의 마음은 매우 설렜다. 아들의 모습을 보니 의젓하게 자라서 위로가 되었으나, 학습에는 진전이 없는 듯하여 다소 실망스럽고 답답한 심

그림 14 김홍도, 《평안감사향연도》 중, 국립중앙박물관

월야선유도에서 아버지가 아들을 데리고 놀러 간 장면을 확인할 수 있다.

정이었다.

최흥원은 10월 4일부터 주진을 직접 가르쳤다. 셋째 아우와 함께 일꾼 난개의 방에 머물며 공부하도록 했다. 11월 20일에는 『맹자』 읽기를 마쳐서 『대학』을 다시 읽도록 했다. 아들이 경전 공부에 뜻이 있어 최흥원은 흐뭇했다. 1739년 1월 30일에는 팔공산 아래에 있는 지장사의 도명암道明庵에 보내어 『맹자』를 읽도록 했다. 주진은 아버지의 기대에 어긋나지 않게 착실하게 공부했다.

1739년 8월 7일부터는 『서전』을 읽었다. 1740년부터 몇 년 동안 주진이 공부한 내용은 일기에 없다. 어머니가 돌아가셨기 때문이다. 삼년상을 치른 이후인 1743년 7월 28부터 주진은 다시 공부하고 싶은 마음이 생겼다. 주진이 『주역』을 읽고 싶다고 하자, 최흥원은 가지고 있던 책을 주진에게 주며 읽어 보라고 했다. 1744년 5월 18일에는 주진이 이천경 군과 함께 동화사에 공부하러 들어갔다. 1745년 7월 22일에는 주진의 벗 이우지가 찾아왔다. 과거 공부에 뜻이 있는 주진이 이우지와 함께 공부하고 싶어 하자, 최흥원은 괜찮은 일이라고 여겼다. 두 사람의 공부 장소는 알 수 없지만, 이들은 보름 정도 함께 공부하다가 8월 8일 아침에 주진은 이우지와 송별하고 집으로 돌아왔다.

주진이 23세인 1746년부터 과거에 응시한 내용이 일기에 기록되어 있다. 8월 17일 사촌과 함께 과거에 응시하러 갔다. 3년 뒤인 1749년 8월 6일에도 과거 길에 올랐다. 그런데 주진이 길을 나서서 몇 리를 가다가 사당에 하직 인사를 올리지 못한 것을 깨닫고 집으로 돌아와서 사당에 인사를 한 이후 다시 과거 길에 올랐다. 최흥원은 그런 아들이 대견스럽고 흐뭇했다.

1749년 11월 13일-12월 11일, 주진은 벗들과 팔공산 아래 있는 부인사에서 공부했다. 다음 해 1월에 시행되는 과거 준비였다. 최흥원은 아들과 벗들의 공부를 독려했고, 필요한 물품을 수시로 보냈다. 1751년 8월 22일에도 주진이 김용여와 함께 과거를 보러 길을 나섰다. 함께 보낸 종은 매우 재빠르나 그들은 굼떠서 걱정스러웠다. 주진이 여러 차례 과거에 응시했지만, 결과는 실패였다.

1754년 6월 14일에 주진은 아버지에게 조용한 곳에 들어가 과거 공부하고 싶다고 했다. 최흥원은 주진이 보재사寶齋寺에 가서 공부하도록 했다. 당시 최흥원은 50세가 넘었고, 주진은 30세였다. 주진은 공부하는 가운데 집안일에도 신경을 써야 할 형편이었다. 아버지를 보필하는 가운데 여러 가지 우환으로 평온하지 못한 시간을 보냈다. 최흥원은 주진이 과거 준비와 집안일 모두 신경 쓰는 것이 어려운 일이지만 견뎌 낼 도리밖에 없다고 생각했다. 주진은 보재사에서 한 달 가량 공부하다가 7월 14일에 집으로 돌아왔다.

　이후 주진이 공부한 내용이 일기에 기록되지 않았다. 주진은 어느 순간 과거 공부를 포기한 듯하다. 최흥원이 주진에 대해 일기에 기록한 것은 집안의 대소사에 참여하거나 집안일을 한 내용이다. 1756년 6월 3일 새벽에 주진이 9마지기 밭의 보리를 타작하러 갔다. 최흥원은 아들이 집안일에 골몰하는 것으로 미루어 공부를 그만둔 것으로 짐작했다. 본인은 과거 응시를 일찌감치 포기했지만 자제들은 열심히 공부하길 바랐는데, 아들이 농사 감독하러 갔다는 소식을 듣고 마음이 매우 아팠다. 20여 년 동안 애끓은 심정으로 주진의 공부에 정성과 노력을 기울였고 과거 합격으로 조상에게 효도하길 간절하게 원했지만, 뜻대로 되지 않았다.

　최흥원의 손자 식是(1762-1807)은 최흥원이 58세 되던 해에 태어났다. 식이 태어난 다음 해 주진이 사망했기 때문에 아버지의 부재를 느낄 손자에 대해 최흥원은 더욱 애틋한 마음을 가졌고, 손자 교육에 대한 책임과 기대도 컸다. 그러나 1775년 6월 20일의 일기에 최흥원은 14살의 손자가 점차 거칠고 게을러지며 공부도 자주 빼먹어서 가망이 없을 것으로 판단하는 내용을 적었다. 손자의 공부에 대한 체념은 최흥원의 마음을 아리게 했지만, 그렇다고 손자의 교육을 포기할 수는 없었다. 최흥원은 손

자의 의지를 어떻게 독실하게 할 수 있을지 계속 고민했다.[61]

1779년 19세의 손자는 최흥원에게 『소학』을 읽겠다고 말했다. 최흥원은 손자가 다시 마음을 잡은 듯하나 과연 독실하게 해낼지는 모르겠다고 생각했으며, 점괘로 손자가 계속 공부할 것인지의 여부를 확인해 보기도 했다. 손자의 공부 자세는 의심스러웠지만 일말의 기대를 포기할 수가 없었다. 결국 최흥원은 손자 식의 학문에 대한 성취를 확인하지 못하고 세상을 떠났다.

아우들 공부 모임 만들어 주기

최흥원의 아우는 4명이었는데, 첫째 아우는 일기를 작성할 당시 이미 사망했다. 둘째 아우는 최흥원과 4살 차이로 함께 공부하고 토론하며 학문적으로 의지하는 사이였다. 최흥원의 교육 관리 대상은 셋째 아우 흥건과 막내아우 흥후였다. 최흥원은 틈틈이 아우들의 공부를 관리했다.

1738년 11월 11일에는 막내아우가 매부 류성복과 함께 동화사에 가서 공부했다. 최흥원은 셋째 아우와 사촌 일여一如에게 과거 공부를 하라고 했다. 사촌이 이미 최흥원에게 공부할 뜻이 있다고 말했으며, 『시詩』를 읽겠다고 청하였다. 최흥원은 그런 사촌을 매우 아꼈다. 최흥원은 류상일 군을 만나 『시전대전』 7책을 빌리고, 성산 일족 어른께 『시해』 7책을 빌려서 사촌에게 주면서 공부를 독려했다.[62] 1739년 6월 8일 류팽로라는 인물이 방문하자, 최흥원은 그를 집에 머물게 하고 셋째 아우와 함께 글짓기 공부를 하도록 했다. 다음 날 셋째 아우가 류팽로와 함께 글짓기를 시작했다. 최흥원은 평소 김용여의 재주와 품격이 남들보다 뛰어나서 사랑스러워했다. 6월 11일, 김용여가 방문하자 최흥원은 셋째 아우와 함께 시 한 수를 짓게 했다. 12일에 김용여가 또 한 수를 지었다.

최흥원을 방문한 류쾌득에게도 고풍古風을 지어 보도록 했다. 최흥원은 그가 글을 아주 빨리 지을 뿐 아니라 글에 격조를 갖추기까지 했다고 생각했다. 6월 13일에도 류쾌득은 최흥원 집에서 글짓기를 했다. 6월 19일 사촌 집 상사祥事 때문에 셋째 아우는 글짓기 공부를 멈추었고 류쾌득도 돌려보냈는데, 이틀 뒤에 다시 모여서 글짓기 공부를 하기로 약속했다. 6월 27일 셋째 아우와 류 군이 각자 과거 시험을 대비하여 지은 시 몇 편씩을 장령에 사는 강필신 어른께 평가하여 줄 것을 청했다. 다음 날 인편으로 답변을 받았는데, 평가 결과 잘못을 지적한 곳이 많았다. 최흥원은 아우들이 실력 있는 친구들과 함께 공부할 수 있도록 했고, 아우들의 글을 본인 혹은 주변의 학자들에게 평가 받아 실력을 키우도록 했다.

두 조카, 매질로 가르치다

용채와 용휘는 둘째 아우 홍점의 아들로, 사진과 상진의 아명이다. 1739년 9월 11일에 둘째 아우는 용휘를 황학동의 이춘식 어른께 데리고 갔다. 2년 뒤에 용휘가 다시 황학동에 가서 공부하겠다고 하여 붓 1자루와 종이 1묶음을 주고, 편지로 이씨 어른께 사례했다. 1741년 8월 3일, 최흥원은 이씨 어른의 편지 및 용휘의 시를 받아 보고 사랑스러운 감정을 느꼈다. 당시 어머니가 위중한 상황에서 아이가 열심히 공부하고 성과를 보이자 잠시나마 위로가 되었다. 1741년 1월 8일부터 첫째 조카 용채가 『맹자』를 읽기 시작하여 2월에도 계속 읽었다.

최흥원은 1742년-1745년 조카들을 가르치고, 틈틈이 시험도 쳤다. 1742년 5월 25일에 용채의 『중용』과 『대학』의 실력을 시험 봤는데 통과하지 못하자 둘째 아우가 매질을 하고 아주 엄하게 꾸짖었다. 용채는 곧바로 비를 맞으면서 맨발로 뛰쳐나가 어머니에게 적잖이 걱정을 끼쳤다. 최흥원은 둘째 아우가 아이들을 두려움 없이 함부로 대하는 것을 답답하게 생각했다. 급히 종에게 아이를 찾아보도록 했다. 다음 날 용채가 집으로 돌아갔다고 했다. 용채는 1742년 5월부터 『시전』을 읽기 시작했고, 최홍원은 6월 29일부터 용채와 남보석에게 『시전』을 가르치기 시작했다. 용채의 『시전』 읽기는 다음 해 5월 22일에 끝났다.

1743년부터 자제들을 대상으로 초하루와 보름에 공부한 내용을 시험 봤다. 9월 1일에 공부하는 것을 보니, 구두句讀를 떼고 문장의 뜻을 파악하는 것이 보름 전보다 나아진 것을 확인했다. 자제들이 공부를 오래도록 지속하면서 그만두지 않는다면 효과를 볼 수 있을 것으로 희망했다. 10월 1일 수업은 묘사 때문에 9월 30일로 당겼다. 최홍원은 가능하면 수업을 빠트리지 않았다. 사촌 아우가 『대학』의 '혈구장絜矩章' 시험을 통과하지 못했고, 용채가 『서전』을 통과하지 못했으므로 매질했다. 11월 1일 수업에서 용채가 또 통과하지 못해 종아리 10대를 맞았다. 15일에도 용채와 용휘가 모두 시험에 통과하지 못해 규정대로 매질했다.

1744년 1월 15일 밤에 치른 시험에서도 자제들이 통과하지 못하자, 최홍원은 종아리를 각각 열 대씩 때렸다. 막내아우가 화가 나서 조카들에게 욕된 말들을 함부로 하자, 최홍원은 몹시 통탄했다. 3월 15일, 용채와 용휘 등이 비로소 시험에 통과했다. 최홍원은 이들에게 사랑스러움이 느껴져 처음으로 매를 대

그림 15 김홍도, 《단원 풍속도첩》, 〈서당〉, 국립중앙박물관

지 않았다. 3월 21일에는 용채에게 주자의 설을 보도록 했는데, '사등기질四等氣質'이라고 한 곳은 배우는 자에게 유익한 바가 있다고 여겨져서 병을 무릅쓰고 써서 벽면에 걸어 두었다. 11월 1일 수업에서도 모두 시험에 통과하지 못했다. 15일 수업에는 개몽이 시험에 통과하지 못하여 종아리를 맞겠다고 자청했다. 사랑스러운 마음이 넘쳐 살살 때렸다.

1748년 10월 11일 밤에 둘째 아우가 용채를 위하여 공부를 권장하는 가운데 잘못 말하는 것이 있어 최흥원은 둘째 아우에게 가서 말을 멈추도록 했다. 둘째 아우는 자식들의 공부에 감정적으로 대응하고 성질을 못 이겨 함부로 매질했지만, 최흥원은 조카들을 가르칠 때 좀 더 이성적이고 너그러웠다.

영남 최고의 교사진 확보

최흥원은 영남 지역의 명망 있는 학자로, 배움을 청하는 자들이 많았다. 최흥원은 배우러 오는 자들에게 겸손한 자세로 정성스럽게 가르쳤다.

무진년[1748] 겨울에 일족 아우 재동再童이 나를 좇아와 배움을 청했다. 거절해도 안 되기에 바로 『소학』을 가르쳤는데, 책을 다 읽기도 전에 세밑이 되어 그의 어버이한테 돌아갔다. 올해 연초에 그의 형 성년聖年이 나를 찾아와 말하기를, "나의 아우가 형의 문하에서 공부하여 집에 돌아와 어버이를 섬기고 형을 따르는 범절이 평소와 아주 달라졌으니, 효성스럽고 공경스러운 자제가 되기에 부끄럽지 않습니다"라고 하여, 내가 이 사실을 듣고 기특하게 여겼다. 지금 재동이 다시 와서 그가 읽던 책을 배우는데, 매번 자식이 부모를 섬기는 부분을 읽을 때면 기뻐하며 좋아하는 기색이 있었다. 내가 시험 삼아 "너는 옛사람이 가르친 부모를 섬기는 범절을 어려움 없이 행할 수 있겠느냐?"라고 물으니, "어려움이 없습니다"라고 대답했다. 대체로 이 아이 공부의 시작은 그와 견줄 자가 드물다는 것을 알겠다. 마음으로 그를 아끼기에 여기에 기록하여 앞으로의 공부의 효과를 시험해 보겠다. 1월 7일에 쓰다.

　　최홍원은 총명한 제자를 만나면 반가워하고 사랑스러워하는 모습을 확인할 수 있다. 최홍원은 충분히 자제들을 가르칠 수 있었지만, 본인이 직접 가르치기보다는 가능하면 인근의 홀

룽한 학자에게 배울 수 있는 기회를 만들어 주었다. 이상정을 비롯하여 눌은 이광정李光庭(1674-1756), 소산 이광정李光靖(1714-1789), 성호 이익(1681-1763), 치제 조선적(1697-1756), 이춘식 등에게 공부할 수 있도록 했다. 최홍원은 자제들의 적극적인 교육 매니저였다.

이상정은 안동 소호리 출신이다. 최홍원이 이상정과 교유하면서 옻골 최씨는 퇴계학파의 주류에 편입되었고, 영남 남인들과의 네트워크가 더욱 강고해졌다. 교육열이 강한 최홍원은 아들 주진, 조카 사진과 항진, 족제 홍벽을 이상정에게 배우도록 했다. 사진은 1750년에, 항진은 1758년과 1763년에, 홍벽은 1759년 11월에 소호리로 갔다. 사진이 공부를 마치고 돌아올 때 이상정 형제가 편지를 보냈는데, 사진에게 매우 많이 기대하고 있다는 내용이었다. 최홍원으로서는 감당할 수 없는 무게의 찬사였다.[63]

조선적은 영천 출신으로, 학문의 이치를 깊이 탐구하여 훌륭한 스승으로 모셔졌다. 최홍원은 주진을 조선적에게 보내 공부하도록 했다. 아들을 거기로 보낸 이유는 집에서 근면하지 않고 손해되는 자들과 어울리면서 놀기만 한다고 판단했기 때문이다. 최홍원은 조선적 집에 머물고 있는 아들에게 여러 차례 편지를 써서 부지런히 공부하도록 독려했으며, 종이, 벼루, 먹

등을 보내기도 했다. 선생님의 가르침을 적고, 하루 일과도 기록하도록 했다. 글씨는 정밀하게 쓰라고 했으며, 공부한 내용을 적어 본인한테 보내라고 했다. 아들이 편지로 보내온 시에 대해 평가도 하고, 문장 능력을 향상시키기 위한 구체적인 방법을 적어 보내기도 했다. 여름에는 사악한 기운을 이기기 위한 생활수칙을 적어 보냈고, 어른 앞에서 부채를 흔드는 것은 옳지 않기 때문에 보내 주지 않는다고 했다. 최흥원은 주진을 인근의 학자들에게 보내 공부하도록 했지만, 아들의 생활 태도 및 학습 성취 부분을 따로 꼼꼼하게 관리했다.[64]

이춘식은 인동의 황학동 출신이다. 최흥원은 평소 이춘식 어른의 학덕을 흠모했으며, 공부하다가 궁금한 것은 어른을 만날 때 물어보았다. 1739년 3월 30일에 최흥원은 이춘식을 방문하여 며칠 동안 머물면서 평소 궁금했던 것을 질문했다. 이춘식 어른의 한가롭게 숨어서 수양하는 멋과 방안 가득한 서적을 보면서 비루한 감정이 생기기도 했다. 이춘식이 아들 주진과 조카 상진에게 가르침을 주겠다고 하여 매우 다행스럽게 생각했다. 이들은 며칠 동안 이춘식 어른한테 가서 공부하기도 했다.

이춘식도 가끔 최흥원의 집을 방문했다. 1739년 9월 4일, 이춘식이 최흥원 집에 왔을 때 이들은 아이들의 공부에 대한 의견을 나누었다. 이춘식은 주진이 지은 시를 보았는데, 논論 부분은 매우 논리적이어서 긴 문장을 짓는 데 어려움이 없을 것이라고 했다. 시는 좋지만 구법句法이 세련되지 않았는데, 이것은 잘못 배워서 그런 것이며, 방법을 바꾸면 곧 좋아질 것이라고 조언했다.

둘째, 셋째, 막내아우도 과거 공부의 어느 방면에 장점이 있는지 자세히 들어 보고 싶다고 했다.

저의 분수에 넘치도록 가르침을 주시니 감당치 못하겠습니다. 다만 저 역시 과거 공부에 전혀 뜻이 없는 것은 아니지만 그의 재주를 살펴보건대 미치지를 못하는 점이 있습니다. 아우들도 모두 둔합니다. 그러나 만약 일찍이 힘써 노력했다면 어찌 모두가 몽매하게 되었겠습니까? 그들에게 배우는 때를 놓치게 한 것은 모두 저의 허물입니다. 둘째와 막내는 이 방면에 참으로 어둡습니다. 오직 셋째는 시구詩句를 좀 익히고 아울러 의심경의疑心經義 짓는 법을 배웠으나 늦게 배운 데다가 관점이 없어서 남들에게 자랑할 만한 성취를 이루지 못했습니다.

— 1739년 9월 4일

최홍원은 이춘식 어른에게 아우들의 상황을 전하며 질정을 바란다고 했다. 셋째 아우가 지은 시와 '의심경의'에 대해 지은 여러 편의 글을 보여 주었다. 이춘식은 셋째 아우에게 시를 짓는 수단이 아주 높고, '의심경의' 역시 의리처를 볼 줄 알아서 글이 매우 정밀하다고 했다. 다만 글자를 구사하는 데 조금의 병통이 있어서 아직 능숙하지는 못하나 노력하면 나아질 것이라고 조언했다. 또 상진을 불러 글을 읽어 보도록 하고 뜻이 의심스러운 몇 군데를 시험했다. 상진이 매우 자세하게 대답하자 가르칠 만하다고 크게 칭찬했다. 이처럼 이춘식 어른은 최홍원의 자제들에게 간헐적으로 가르침을 주었다.

동화사와 부인사, 또 하나의 학교

최홍원이 거주하는 옻골은 팔공산 아래에 위치한다. 부인사와 동화사는 규모가 큰 사찰로, 옻골과 가까운 거리에 있다. 지인이나 과객들은 절에 가는 길에 최홍원 집을 방문하거나 최홍원의 손님이 부인사와 동화사를 둘러보기도 했다. 절에서는 최홍원의 집에 소용되는 종이를 비롯한 여러 가지 필요한 물품을 제공했다. 절은 전염병이 유행할 때 임시 거처이기도 했고, 자제

그림 16 일제강점기 동화사 원경, 국립중앙박물관

들의 공부 장소이기도 했다. 최흥원은 아들 주진을 비롯하여 동
생, 조카들을 수시로 동화사나 부인사에 보내 공부하도록 했다.

　대구 무태에 사는 구군칙은 시로 명성이 있었다. 그가 최흥
원 집에 놀러 오자 최흥원은 그를 붙잡아 놓고 자제들과 함께
시를 짓도록 하고 시법도 가르치도록 했다. 또한 군칙이 부인사
에서 공부하다가 동화사로 옮겨 공부하려는 계획을 알고 나서
는 셋째 아우와 사촌 두 명을 그곳에 보내어 그와 함께 글짓기
를 하도록 했다. 1744년 5-6월 주진은 동화사에서 공부했다.

　아이 용령[주진]이 이천경 군을 따라서 동화사로 들어갔
는데, 양식과 찬거리를 마련해 주지 못했다. 이 마음을

누가 헤아릴 수 있겠는가? 가련하고 한탄스럽다.

ㅡ 5월 18일

아침밥을 먹기 전에 아이의 편지를 받아 보고 절에 잘
당도했다는 것을 알았다.

ㅡ 5월 19일

중 순해가 와서 인사하고 돌아갔다. 아이에게 편지를
하고 아울러 요강을 보냈다.

ㅡ 5월 23일

서촌 할아버지가 동화사에서 와서 아이의 편지를 전해
주었고, 아울러 『천자문』 책을 받았는데 중 초윤이 보
낸 것이다.

ㅡ 5월 29일

동화사로 돌아가는 중을 만나서 아이에게 편지를 하고
아울러 장 한 보시기를 보냈다. 그가 승방에 있어서 먹
는 것이 보잘것없을 줄 알면서도 끝내 찬거리를 보내
지 못하니 불쌍하고 한스럽다.

―6월 11일

들으니, 이우지 군이 동화사에 들어가서 우리 아이와
함께 공부할 계획이라고 한다.

―6월 12일

최흥원은 아들 주진이 20여 일 동안 동화사에 머물 때 수시
로 편지를 주고받았으며, 요강이나 장 등 필요한 것을 챙겨 보
내기도 했다. 최흥원은 챙겨 주고 싶은 만큼 해 주지 못한 것에
대해 아쉬워했다.

주진은 부인사, 보재사, 지장사 등도 이용했다. 1749년에는
부인사에서 한 달 동안 공부했다.

아이 주진이 방보方甫와 함께 부인사에 들어가서 일과
日課를 공부하니, 마음이 쓰인다.

―11월 13일

인편에 아이 주진에게 반찬거리를 부쳐 보냈다.

―11월 19일

밤에 아이 주진과 방보 등 제군의 편지를 받았다.

— 11월 20일

아이 주진이 강독하는 곳에 반찬 1식기를 보내고 아울러 방보, 사호, 재동 등 제군에게 편지를 써서 부지런히 공부하라고 권했다.

— 12월 2일

아이 주진이 산방山房에서 강독을 마치고 발길을 돌려 지묘로 길을 나섰다고 한다.

— 12월 11일

아이 주진이 돌아왔다.

— 12월 13일

최홍원은 주진이 부인사에서 공부할 때 직접 반찬을 챙겨 보내고, 열심히 공부하라고 독려했다. 최홍원은 아들뿐만 아니라 함께 공부하는 아들의 벗들에게도 편지를 보냈다. 함께 좋은 성과를 내길 바랐지만, 아들의 생활이 흐트러지지 않길 바라는 마음도 있었을 것이다. 최홍원은 자제들이 어디로 공부하러 가든 인편이나 편지로 철저하게 관리했다.

과거 응시, 기대하고 또 기대하고

흐리고 비가 내렸다. 어머니의 병환은 여전하고 입부
[세째 아위]의 병도 한결같다. 애가 타고 마음이 절박하
다. 양식이 오랫동안 떨어져서 뭇 식솔들이 굶주림을
호소한다. 며느리를 생각하니 더욱 불쌍하다. 그러나
가난한 집의 소원은 오직 아이들이 공부를 잘하는 것
뿐이다.

— 1748년 3월 29일

집안의 흥체興替는 오직 네가 학업을 하느냐 하지 않느
냐에 달려 있으며, 학업을 하느냐 하지 않느냐는 오직
네가 근면하느냐 근면하지 않느냐에 달려 있고, 근면
하고 근면하지 않는 것은 오직 너의 입지가 어떠냐에
달려 있을 따름이다.[65]

위의 내용은 최흥원이 자제의 교육에 왜 그렇게 헌신적인지

알 수 있는 대목이다. 최흥원은 자제들이 과거에 합격하여 집의 위상을 올려 주길 바라며, 평생 자제들의 관리자이자 교육자를 자처했다.

1740년 8월에 있는 시험을 위해 15일에 셋째 아우, 사촌, 매부 류성복을 나란히 시험장으로 보냈다. 18일에는 아우들이 시험장에 무사히 도착했다는 소식을 전해 들었다. 20일에 돈 4냥으로 계문지啓文紙 8장을 사서 시험장에 있는 아우에게 보냈다. 이후 일기에는 이 시험에 관련된 내용이 없다. 최흥원의 자제들은 모두 시험에 떨어졌다.

1744년 2월 4일에는 셋째 아우와 주진을 경상좌도 시험장에 보냈다. 주진은 셋째 아우의 시험지를 써 주기 위해 갔는데, 이것도 둘째 아우가 굳이 노자를 주겠다고 고집하여 보낸 것이다. 또 돈 1냥 반을 주어 사촌 아우가 과거 시험을 보도록 했고, 막내아우에게는 시험 경비에 보태라고 쌀 4말을 주었다. 5일에는 사촌 아우가 과거 시험을 보러 떠났다. 12일은 과거 시험이 시작되는 날인데, 종일 비가 내려 걱정되었다. 14일은 소과 2차 시험인 회시를 치르는 날로, 날씨가 화창했다. 아우들을 위해 다행스러웠다. 16일에 사촌 아우가 시험장에서 현훈증眩暈症이 나타나 거의 죽을 뻔했다가 살아났는데, 매우 고통스러웠다고 했다. 최흥원은 놀라고 걱정되었다. 23일에 사촌 아우가 소과 회시에서 낙방하여 돌아왔다. 경상좌도와 우도를 통틀어 오직 한 사람만 합격했다고 한다. 예전에 없었던 일이고, 최흥원은 실망스러웠다.

1746년 8월의 과거 시험에 대비하기 위해 자제들은 동화사에서 집중적으로 공부했다. 최흥원은 7월 1일에 수박 3덩이를 얻어서 아이들에게 보내어 격려했다. 11일에 셋째 아우가 동화사에서 돌아왔다. 16일에는 신랑 사진의 처가에서 그를 데리고 가려고 심부름꾼을 보냈는데, 최흥원은 신랑이 절에서 공부하고 있어서 보내지 않았다. 최흥원은 아이들이 어떻게 공부하고 있는지 궁금했다. 마침 18일에 김용여가 동화사에서 돌아와 아이들의 문장이 많이 발전했다고 크게 칭찬했다. 최흥원은 아비된 마음으로 저절로 기쁜 감정이 생겼는데, 스스로 이를 인지상정이라고 생각했다. 한편 본인 형제들은 지금 누리는 이러한 기쁨을 아버지께 드리지 못한 것이 떠올라 애통한 마음도 생겼다. 8월 2일에 사촌 통숙과 김용여가 공부 모임을 마치고 왔다.

소과 시험이 얼마 남지 않아 8월 4일에 통숙이 숙소를 잡으려고 시험장으로 갔다. 27일에 통숙과 이희연이 시험장에서 돌아왔고, 주진은 시험장에서 칠곡 석전으로 갔다가 28일에야 돌아왔다. 30일에 합격자 명단을 얻어 보니, 최흥원의 자제들은 모두 낙방했다. 최흥원은 기대를 하지 않을 수 없었지만, 떨어진 것이 괴이한 일은 아니라고 생각하며 결과를 받아들였다.

1749년 8월의 시험에도 자제들이 응시했다. 13일부터 말일까지 여러 지역의 지인들이 시험 치러 오가는 길에 최흥원의 집을 방문했으며, 최흥원은 일기에 날짜별로 방문한 지인들의 이름을 적었다. 소과 1차 시험인 초시의 마지막 시험은 22일이었다. 24일에 주진과 사진이 시험장에서 돌아왔고, 며칠 동안 과거에 응시한 손님들의 방문도 이어졌다. 27일에 상진이 돌아왔으며, 저물녘에 합격자 명단을 얻어 보았다. 아이들의 실패는 말할 필요도 없고, 경상도의 글재주가 있는 자들도 많이 떨어졌다.

1750년 2월 23일에는 사촌 일여가 소과 회시에서 낙방하여 돌아왔다. 경상좌도와 우도를 통틀어 오직 한 사람만 합격했다고 한다. 예전에 없던 일이다. 1751년 1월의 과거 시험에 대비하기 위해 주진은 1750년 11월 29일 부인사에 가서 공부했다. 중간에 병이 나서 1751년 1월 18일 최흥원은 주진이 과거를 보러 갈 수 없다고 판단했으나, 다음날 다시 가족과 의논한 끝에 짐을 꾸려 과거 길에 오르도록 했다. 눈 때문에 길이 질척거리고 말이 허약해서 걱정이었지만 과거를 포기할 수 없었다.

1766년 2월에는 조카 항진의 과거 시험이 있었다. 최흥원은 12일 밤에 과거에 급제하는 꿈을 꿔서 항진에게 은근히 기대를 했다. 15일 류 노인이 항진의 과거 일로 점을 쳤는데, 초시에는 반드시 합격할 것이라고 했다. 23일 둘째 아우가 와서 항진이 초시에 합격했다고 하니, 기특하고도 다행스러웠다. 그런데 셋째 아우의 편지를 받아보니, 관아에서 공개한 과거 합격자 명단에 항진의 이름이 없다고 했다. 항진이 돌아올 일 때문에 가슴이 답답했다. 과거에 응시할 때는 간절한 기대가 있었으나, 합격자 명단에 이름이 없자 기대의 마음이 답답함으로 바뀌었다.

최흥원은 부노였던 복놈이를 과거 시험의 사수로 삼았다. 복놈이는 어찌 된 연유인지 글자를 알았고, 게다가 글 쓰는 솜씨가 명필이라고 인근에 소문이 자자했다. 궁금증이 일어난 최흥원은 직접 종이와 먹을 준비시키고는 복놈이를 시켜 글씨를 써 보도록 했다. 복놈이의 글씨는 과연 예사 글씨가 아니었다. 어지간한 양반들의 필치는 나란히 내놓기도 민망할 지경이었다.

복놈이의 재주가 아까웠던 최흥원은 곧 집안의 아이들을 불러 모았다. 그리고 복놈이더러 아이들에게 글씨 연습을 시켜 달라고 했다. 스승을 모셨으니 수업료가 없을 수 없다. 보리 몇 말을 복놈이에게 주었다. 과거 시험에서 잘 쓴 글씨의 답안지는 필수인데, 집안 아이들이 복놈이의 재주를 반만 익힌다면, 아마 글씨가 모자라 시험에 낙방하는 일은 없을 것이다. 최흥원은 복놈이가 글씨 쓰는 모습을 보며, 참으로 세상에는 기이한 재주를 가진 사람이 많다는 것을 새삼 깨달았다.

최홍원은 평생 자제들의 과거 합격을 위해 훌륭한 선생님에게 배울 수 있는 기회를 마련해 주었고, 동화사와 부인사를 이용하도록 했으며, 공부에 도움이 되는 벗들을 사귀게 했고, 필요한 책과 붓과 종이 등을 적절하게 제공했으며, 글씨를 대신 써 주는 시험 사수까지 마련했다. 아들 주진은 중간에 공부를 포기했고, 기대했던 조카 사진과 항진도 일찍 죽어 최홍원 생전에 그렇게 간절하게 원했던 과거 합격의 기쁨은 없었다. 안타깝게도 최홍원이 가사활동에 집중하여 이룬 많은 성과들에 비해 자제들의 공부는 최홍원의 노력과 기대에 보답하지 않았다.

책을 빌리고 빌려주고

최홍원의 집에는 책을 보관하는 책방이 있다. 하루는 목수 이상태라는 자가 큰 책방을 수리하고 돌아간다고 하기에 수공비로 1냥 3전을 주었다. 그는 기대 이상으로 많다고 하면서 기쁜 빛을 띠었다. 최홍원은 가끔 책방에 보관하는 책을 햇볕이나 바람에 건조하는 '포쇄'를 했는데, 1746년 4월 17일에는 책을 포쇄하다가 비가 올 것 같아서 곧바로 거두어 시렁 위에 올려 두었다.

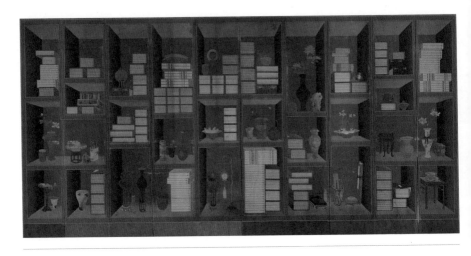

그림 17 전이형족필 책가도傳李亨祿筆冊架圖, 국립중앙박물관

　조선시대 양반은 인문학자로, 그들의 일상은 책과 함께했
다. 최홍원은 조상으로부터 물려받은 책과 새로 구입한 책들
로 서가를 꾸몄다. 『오례의』 8책을 구입하기도 했고, 어떤 중이
『증보운』과 『주자서절요』 등의 책을 사라고 하자 『증보운』은 구
입하여 아이들에게 주고, 『주자서절요』는 남명신 군이 구입하
여 보석에게 주기를 권했다. 사촌 통숙의 종 소봉이 해인사에서
돌아와 『통감』 14책을 주면서 사라고 했으나 책값이 없어서 살
수가 없었다.[66] 대신 최홍원은 소봉에게 『사략언해』를 구해 오
라고 했다.[67]

　최홍원은 구입한 책보다는 빌려 본 책이 훨씬 많았다. 빌린

책 가운데는 유교경전인 경사자집, 의학 서적, 역사 관련 서적, 특정한 사건을 기록하고 있는 것을 비롯하여 장자도 포함되어 있었다. 독서 폭이 넓었다. 당시 영남에서 학문하는 자가 드문 것을 아쉬워했고, 명나라 소설인 『전등신화剪燈新話』와 같은 괴상하고 기이한 책을 읽는 것은 경계했다.[68]

최흥원은 어머니와 가족을 돌보기 위한 기본적인 의료 지식을 갖추었다. 1739년 10월 30일, 정 의원의 아우 지유가 편지를 하여 『동의보감』을 돌려 달라고 하자, 최흥원은 곧바로 돌려주었다. 다음 해에는 『동의보감』을 가지고 있어서 5월 29일에 『동

그림 18 『동의보감』
한국국학진흥원

의보감』, 「초부草部」와 「어부魚部」를 둔곡에 빌려주었다. 1746년에도 진도수령으로부터 『동의보감』을 얻었다.

책을 빌릴 때는 방문하거나 인편으로 부탁하기도 했다. 1741년 1월 20일에는 셋째 아우가 지묘에서 돌아왔는데, 슬곡댁에 들러 『장자』 두 권을 빌려 왔다. 입암댁에서는 『시전』 3책을 빌렸다. 성산 일족 어른께는 편지로 『시전』을 빌려달라고 했다. 승려에게 책을 빌리기도 했다. 중 초윤에게 『천기대요』를 빌렸고, 부인사 중 덕기한테 『자치통감』을 빌려 두었다가 용문과 함께 읽었다. 사거나 빌린 책 가운데는 종종 절에서 간행한 것들도 있다.

주진이 안동의 이상정을 방문했다가 거기서 『독서록』을 빌려 왔다. 이 책은 설문청이 기록한 내용 가운데서 가려 베낀 것이다. 최흥원은 영남의 지인뿐만 아니라 서울에서 책을 빌리기도 했다. 친척 조광벽이 서울에 갈 것이라고 하자 생육신의 한 사람인 조려의 시문집 『어계집』을 빌려 오도록 했다. 빌린 책을 돌려줄 때는 당연히 똑같은 책을 돌려주어야 하지만, 책을 잃어버려 같은 제목의 다른 책으로 돌려주기도 했다. 조일여에게 빌린 『중용』은 새로 구해서 갚았다. 최흥원이 빌린 책을 제때 돌려주지 않아 상대방이 사람을 보내 책을 찾아가기도 했다.[69]

최흥원이 책을 빌려주는 일도 잦았다. 지인들은 사서를 비롯하여『주자서절요』,『대학혹문』,『염락풍아』,『시전』,『도산언행록』,『경사집설』,『학림옥로』,『소학』,『소학언해』, 권득기(1570-1622)의 시문집인『만회집』, 권시(1604-1672)의『탄옹집』등을 빌려 갔다. 관아에서 최흥원에게 책을 빌리기도 했다. 대구 관아에서『퇴계집』을 빌려달라고 거듭 요청해서, 최흥원은 어쩔 수 없이 빌려주었다.[70]

책을 필사하거나 찍어내기도 했다.『상례의절』은 최흥원이 직접 필사했다. 최흥원은 하계에『회재문집』과『근사록』을 찍어 보내 달라고 요청했다. 울산수령에게 40권의 종이를 올려서『주자서절요』,『이학통록』,『도산언행록』등을 인출해 줄 것을 부탁하여 허락받기도 했다.[71]

책의 구입과 유통은 매우 현실적이었다. 도서관에서 책을 빌리는 것처럼 서로 필요하면 기꺼이 빌려주었다. 가끔은 빌려준 책을 잃어버렸다는 소식을 듣기도 했다. 구군칙은 빌려 간『언행록』2책을 잃어버렸다고 해서 최흥원은 매우 놀라고 아까워했다. 최흥원은 책을 선물하기도 했다. 매부 류성복에게『근사록』4책을 선물하면서 "묻고 배우기를 바란다"는 뜻으로 마지막 권의 표지 안쪽에 글을 써 주었다.[72]

최흥원은 여건이 되면 책을 샀고, 여의치 않으면 지인에게 빌렸다. 독서가 일상인 것처럼 책을 빌리거나 빌려주는 것도 또 하나의 일상이었다. 오늘날처럼 공공도서관이 없는 상황에서 개인끼리 책을 빌려 보는 것은 한정된 자원을 효과적으로 이용하는 방법이다. 이들은 책의 유통을 통해 지식과 학문 및 정치적 입장을 공유했다.

7

생필품 마련,
시장 곳곳에
사람을 보내다

어머니 밥상에 올릴 반찬거리

오늘날 집에서 사용하는 물건은 대부분 마트를 포함한 시장이나 온라인으로 구입한다. 장보기는 남성보다 여성이 더 많이 하는 편이다. 조선 후기에는 집안에 필요한 물건 가운데 자급자족하는 것이 많았으며, 시장에서 구하거나 선물로 마련하기도 한다. 집에서 필요한 물건은 주로 누가 사고, 생필품을 마련하기 위한 장보기는 어떻게 했을까?

최흥원은 집에서 필요한 물건이 무엇인지 잘 알았고, 장보기도 최흥원이 관리했다. 최흥원이 시장에서 가장 많이 구입한 것은 민물 생선·바다 생선·해산물·꿩·소고기·돼지고기·젓갈

류·배·수박 등의 반찬거리와 과일이다.

종을 대구부 시장에 보내서 꿩과 생선 같은 것들을 널리 구해오도록 했는데, 저물녘에 꿩 한 마리만 구해 돌아왔다.

— 1739년 1월 27일

어머니께서 묵은 증상이 다시 재발할 조짐이 있으니, 애가 타고 눈물이 나서 표현하기 어렵다. 청어 한 두름을 사 왔는데, 어머니께 올릴 것이다.

— 1742년 12월 11일

돈 2전을 주어서 자인 시장에 보내어 젓갈 같은 것을 사 오도록 했는데, 어머니께 올릴 것이다.

— 1742년 12월 13일

상오를 하양 시장에 보내어 전복과 생배를 사 오도록 하고, 마당을 부중府中 푸줏간에 보내어 쇠고기를 사 오도록 했다.

— 1745년 9월 4일

장에서 돈 1전으로 쇠고기를 구했고, 또 2전으로 생선
을 구했다. 모두 어머니의 반찬거리로 마련했다.

— 1759년 1월 21일

문희를 부중 시장에 보냈으나 물고기와 작은 돼지를
구해 왔을 뿐이다.

— 1760년 7월 7일

　최흥원은 대구부 시장이나 해안 시장을 자주 이용했고, 대
구와 가까운 자인 시장, 하양 시장, 영천 시장, 경산 시장 등에
서도 물건을 샀다. 시장에서는 주로 반찬거리와 제수품을 구입
했는데, 반찬거리는 대부분 어머니 밥상에 올리기 위한 것이었
다. 식사 때마다 밥상에 적어도 육류, 생선, 해산물 가운데 하나
이상은 올리려고 했다. 병환으로 고생하는 어머니의 밥상에 신
경을 많이 썼으며, 어머니의 입맛을 돋울 수 있는 여러 가지 반
찬거리를 구하기 위해 시장을 자주 이용했다.
　1742년 12월 26에는 시장에서 반찬거리를 구하기가 어려워,
어머니의 입에 맞는 것으로 얻은 것이라고는 단지 반쯤 말린 대
구와 청어 같은 것뿐이었다. "옛사람들이 어버이를 봉양할 때
는 몸을 편히 해 드리고 입에 맞는 것을 모두 갖추어 드렸는데,

나는 이 무슨 성의란 말인가?"라고 하면서 스스로 부끄러워했다. 1744년 4월 27일에도 어머니의 반찬거리가 마땅하지 않아 고민하고 있던 차에 유산의 아내가 꿩 한 마리를 구해 바쳤다. 보리를 주고 사서 병환 중의 어머니에게 올렸다. 최흥원은 어머니 밥상에 올릴 쌀도 광동에 있는 기름진 논에 따로 재배했다.[73] 최흥원은 아내가 없었기 때문에 아내의 빈자리를 채우기 위해 어머니의 반찬에 더욱 신경을 쓴 부분이 있지만, 아내가 있다 할지라도 어머니의 식사만큼은 정성을 쏟았을 것이다. 최흥원이 효를 실천하는 하나의 방식이었다.

10월 26일은 어머니의 생일이다. 1747년에도 어머니의 생일상을 잘 차리고 싶어, 최흥원은 며칠 전부터 분주했다. 10월 22일에 대구부 시장에 사람을 보내어 5-6냥의 돈으로 여러 종류의 고기와 과일을 사도록 했다. 당시 소 도살을 엄격하게 금지하여 어머니 생일상이 초라할까 봐 걱정되었다. 10월 23일에 소를 잡기 위해 관아에 소지所志를 올렸는데, 잡아서 쓰도록 허락을 받았다. 하계의 사돈집 어른이 오고, 아들 주진도 할머니 생신을 위해 숙식하며 공부하던 곳에서 집으로 돌아왔다. 10월 25일 최흥원은 소 3마리를 잡아서 음식을 준비했고, 정성스러운 마음으로 목욕을 하고 몸을 청결하게 했다. 10월 26일, 안채에 어머니의 자리를 마련하고, 손님들은 뜰 가운데 서도록 안내

했다. 예절 책에 나오는 『거가잡의』 중의 헌수의獻壽儀에 의거하
여 진행했다. 이어서 술을 돌리고 놀다가 땅거미가 질 무렵이
되어서야 자리를 마쳤다. 정성을 다했지만, 풍악이 없어서 무료
하다고 생각했다. '보잘것없는 집이 이 같은 일에 어찌 풍악을
울리기를 바라겠는가'라며 스스로를 위로했다.

장사꾼 물건 중에는 도둑맞은 것도 있거늘

최흥원은 장사꾼을 집으로 부르거나 팔러 다니는 장사꾼이
최흥원 집을 방문할 때 필요한 물건을 사기도 했다. 종이와 붓
은 항상 곁에 있어야 한다. 최흥원은 필요한 종이는 주로 중에
게, 붓은 붓장이에게 샀다. 종이는 절에서 만드는 경우가 많았
기 때문이다. 중 관순이 백지 17묶음을 가지고 와서 바쳤고, 중
초윤은 시지試紙 2건을 각각 1냥에 팔았다. 붓의 종류는 다양했
다. 1744년 11월 8일에 붓장이에게 17자루의 붓을 50전으로 샀
는데, 5자루는 고양이 털로 만든 것이고, 2자루는 염소 털로 만
든 것이었다. 12월 26일에는 붓장이가 흰 붓 30자루를 가지고
와서 조와 바꾸자고 하여 10말을 주었다. 1750년 5월 12일, 붓장
이가 청렴필靑鹽筆 60자루를 납부했다. 벼루와 묵도 샀는데, 묵

은 소나무를 태워 그을려 만든 송연묵松烟墨으로, 다섯 개를 1전 2푼으로 산 적도 있다.[74] 물론 붓장이가 가지고 온 물건 가운데 마음에 드는 것이 없어 그냥 돌려보내기도 했다.

윤달이 든 해에 수의壽衣를 만들면 운수가 좋다고 하여, 1743년 1월 26일 비단 장수에게 비단을 가지고 오라고 했다. 저물녘에 비단 장수가 왔기에 종 집에서 자도록 했다. 다음 날 비단 장수를 사랑채로 들어오도록 하여 물건을 살펴보니, 품질이 나빠서 구입하지 않았다. 이후에 다시 좋은 물건을 장만하여 만나기로 약속하고 돌려보냈다. 3월 20일 비단 장수가 왔길래, 녹색 비단, 흰 비단, 융단 각각 몇 건씩 샀다. 그런데 융단은 마음에 들지 않아 이틀 후에 비단 장수에게 돌려보냈다. 환불했다. 같은 해 10월 13일에 비단 장수가 오는데, 그때 마치 수의를 만들고 있어서 그를 만난 것이 기뻤다. 빨리 보따리를 풀어 보도록 하여 살펴보니 하나도 쓸 만한 것이 없어서 통탄스러웠다. 단지 비단 1필과 어머니가 사용할 바람막이 도구만 샀다. 11월 3일 아당을 대구 부내의 비단 장수에게 보내 속히 쓸 만한 채단彩緞을 가져오도록 했다. 다음 날 비단 장수가 와서 부지런하지 못했던 점을 사과하고 채단 견본품을 바치고 돌아갔다.

최흥원은 갓장이, 조각장이, 대장장이 등을 불러 주문제작도 했다. 갓이나 신발은 크기가 맞아야 하기 때문이다. 1739년

4월 7일에는 젊은이들이 갓장이를 불러서 신을 만들기에 한 켤레 더 만들도록 하여 매부에게 보냈다. 우암에 사는 배군은 솜씨 있는 갓장이로 최흥원 집에 여러 차례 와서 갓을 만들었다. 1742년 3월에도 배군이 최흥원 집에 와서 갓을 만들었다. 수공비로 1냥 3전을 주었으나 단지 1냥만 받아서 갔다. 다음 해 9월 27일에는 배군이 3일 만에 갓 1개를 만들어 바치고 돌아간다고 하기에 갓값으로 1냥을 주었다. 1743년 11월 4일에는 낙하에 신발 만드는 사람이 있다는 소식을 듣고 서숙에게 데려오게 해서 목화신을 만들도록 했다.

1743년 10월 7일에는 조각장이 중에게 가마 덮개를 만들어 달라고 했다. 5일 만에 가마 덮개를 완성했다. 다음에는 대장장이를 불러 덮개에 사용할 쇠붙이를 만들도록 했다. 1744년 1월 12일에는 조각장이 중 일화에게 의자를 만들도록 했다. 2월 6일 아침밥을 먹은 뒤에 조각장이 중이 아프다고 하면서 붙잡는 것을 뿌리치고 곧바로 떠나 버렸다. 다음 날 오후에 조각장이 중이 최흥원 집에 다시 와서, 경주댁으로 간다고 했다. 거기 일하러 가는 모양이다. 2월 14일 경주댁이 돈 1냥과 목화 3근을 조각장이 중 일화에게 보냈다. 같은 해 9월에도 최흥원 집에 얼마간 머물던 조각장이 중이 돌아간다고 해서 수공비 1냥을 주고 또 목기값으로 2냥을 주었다. 다음에 다시 오기로 했는데, 10월

12일에 중이 약속대로 왔다. 최흥원은 신의가 있는 중이라고
여겼다.

최흥원의 집에는 도둑이 가끔 곡식, 목화, 그릇 등을 훔쳐 갔
다. 1744년 9월 19일에 놋그릇 장수가 왔길래, 가지고 온 물건
을 구경했다. 놀랍게도 그중에는 1743년 6월에 잃어버린 접시
가 있었다. 계집종들이 그 사내를 붙잡아 두었으며, 그사이 최
흥원은 토포영討捕營에 신고했다. 놋그릇 장수는 토포영에 끌려
갔는데, 만일 그가 훔친 것이 아니라면 억울하게 누명을 뒤집어
쓰게 될 것이므로 토포영에 가서 제대로 밝히라는 뜻으로 신고
한 것이다. 최흥원은 놋그릇 장수를 측은하게 여겼다.

혼수를 마련하기 위해서는 다양한 물건이 필요했다. 1743년
10월 22일, 최흥원은 3냥으로 작은 송아지를 샀는데, 사촌이 아
내를 맞이하는 예를 갖추도록 하기 위해서이다. 둘째 아우는
아들 사진과 상진의 혼인 용품을 마련하기 위하여 서숙을 서울
에 보내기도 했다. 서숙이 둘째 아우 집의 혼례에 필요한 것들
을 구입하려고 영해 시장에 갔다가 돌아왔는데, 어물이 아주 귀
하여 뜻대로 사 올 수 없었다고 알리기도 했다.[75] 혼인은 특별한
의례이기 때문에 대구부 시장뿐만 아니라 서울이나 영해 시장
도 이용했고, 비단과 혼수품을 마련하는 일로 많은 돈을 썼다.

구입 대행과 심심찮은 중고 거래

최흥원은 본인과 가족들이 필요한 물건만 사는 것이 아니라 주변의 부탁을 받고 물건을 대신 사다 주기도 했다. 대구는 큰 고을로 경상감영을 중심으로 상업이 발달했고 시장이 많았다. 지인들이 최흥원에게 물건을 대신 사 달라고 부탁하는 이유 가운데 하나일 것이다. 처남 손진민이 돈 6냥을 보내와서 목화를 사 달라고 했다. 최흥원은 이태중에게 부탁하여 목화 50근을 구하여 처남에게 주었다. 조 군이 돈 2꿰미로 솜을 사 달라고 최흥원에게 부탁하기도 했다. 오늘날 본인에게 필요하지 않은 물건을 인터넷 중고 거래장터인 '당근마켓' 등에 올려 거래하는 것처럼, 일기에는 최흥원이 다른 사람의 중고 물건을 사거나 다른 사람이 쓰던 물건을 최흥원에게 사라고 요청하는 일도 수시로 있었다.

최흥원은 농사를 지었고, 목화도 재배했지만 곡식, 목화, 명주 등 부족한 것은 구입하기도 했다. 1738년 10월 12일에 곡식을 사기 위해 처남이 있는 밀양 죽서에 돈 40냥을 보냈다. 1739년 12월 2일에는 둘째 아우가 제수를 데리고 안동 처가에 갔는데, 최흥원은 그에게 돈 8냥을 주어서 명주를 사 오라고 했다. 1750년 12월 6일에는 콩을 2냥 어치 샀다.

소금 구입은 주로 영해 시장이나 울산 시장을 이용했다. 1742년 2월 13일에는 인발에게 돈 54냥과 참깨를 주어 죽서에 실어다 주고, 그 길로 울산에 가서 소금을 사라고 했다. 1744년 2월 11일에는 수삼을 영해 시장에 보냈는데, 소금과 생 어물을 사기 위해서였다. 1746년 윤3월 2일에는 인발이 영해 시장에서 소금 16말을 사 왔다.

그 밖에 생활과 의례에 필요한 제사용 숟가락과 젓가락, 식기, 요강, 밀랍으로 만든 초, 모시, 인전도引剪刀, 설탕, 미역, 혼함 婚函, 인삼 등도 구입했다. 대구에는 일본 물품을 파는 장사군도 있었다. 최흥원 집에 일본 물건을 파는 장수가 왔기에 1냥 6전 을 주고 작은 거울 하나를 샀다.[76] 관아에 세금 내러 가는 인편 에 거울을 사 오도록 부탁한 적도 있다. 향로를 가지고 와서 파 는 사람이 있었는데, 집에 예전부터 보관하던 깨진 향로가 있어 서 엽전 150전을 보태 주고 바꾸기도 했다.

최흥원은 물건값으로 땔감이나 곡식 등을 주기도 했지만, 주로 돈을 주고 물건을 샀다. 돈은 곡식이나 물건을 팔아 마련 했다. 75말의 벼로 5냥 8전의 돈을 마련하거나, 단오 제수를 준 비하기 위하여 13말의 벼로 돈 1냥을 마련하기도 했다. 가끔은 외상 구매도 했는데, 시장에서 소를 팔아 받은 13냥 5전으로 묵 은 빚을 갚기도 했다.[77]

생활에 필요한 물건을 사기 위해서는 물가변동을 예의주시할 수밖에 없다. 1738년의 사례를 보면, 4월부터 8월까지의 물가변동을 확인하고 이를 일기에 기록했다. 4월 26일에는 시장 물가가 보리 14두, 벼 8두이고, 5월 23일에는 날씨가 가물어서 시장 물가가 12두로 떨어졌다고 했다. 6월 24일에는 시장 물가가 크게 떨어져서 돈 1냥이 보리 8두에 지나지 않는다고 했다. 29일에는 시장 물가가 너무 높아서 만세가 보리 살 돈 5냥을 그대로 가지고 돌아오기도 했다. 8월 25일에는 시장 물가가 보리는 7두, 벼는 6두에 지나지 않아서 신해년(1731)보다 1말이 더하다고 했다. 다른 해도 대체로 봄부터 가을까지의 곡물 가격 및 목화의 시장 거래 가격을 기록했다.

관직으로 나아가지 않은 남성은 집안 경영을 책임졌기 때문에 집안에 필요한 물건에 대해 세심하게 관심을 기울였고, 물건 가격에 민감하게 반응했다. 일기에는 여성이 물건을 장만한 사례는 잘 드러나지 않지만, 사람을 시켜 물건을 구입한 적이 없지는 않을 것이다. 그러나 생필품 가운데 집 밖의 사람들과 접촉하여 사는 것은 대체로 남성이 담당했다.

8

의학지식,
가족을 질병에서
구하다

평생 지속된 어머니의 병환

일기의 앞부분인 1735년 윤4월부터 7월 16일까지는 아버지의 병명, 진료 기록, 복용한 약, 증세 등이 기록되어 있다. 아버지가 위중했기 때문에 최흥원은 주치의처럼 아버지를 잘 보살폈고, 병의 진행 과정을 진료일지처럼 상세하게 기록했다. 어머니는 1682년에 태어나 1765년(84세)에 사망했다. 1735년(54세)부터 어머니의 질환이 언급되었다. 어머니의 병환은 일기에서 중요한 기록으로 자리매김한다. 일기는 날씨를 기록한 다음 어머니 병의 증세 혹은 안부 등을 적는 방식이다. 수십 년 동안 한결같은 태도로 어머니를 보살피고 봉양했다. 1737년 4월 21일-

23일에도 어김없이 날씨 다음으로 어머니의 환후에 대해 기록했는데, 이때는 안질을 앓아 몹시 애타는 심정을 견딜 수 없다고 했다.

> 아침에 가랑비가 내리다가 금세 그치고 구름이 걷혀서 해가 났다. 막내아우의 편지를 받아 보고 어머니의 안질이 더하지는 않으나 미간에 부기가 있다는 것을 알게 되었다. 아마도 종기의 조짐이거나 혹은 단독丹毒이 아닐까 싶어서 몹시 애가 타고 걱정이 된다. 오후에 또 마찬가지라는 소식을 듣고 애가 타고 마음이 절박했다. 옥녀가 와서 어머니의 병환 소식을 자세히 들었다.
>
> ─ 1737년 4월 23일

천연두가 유행하여 어머니를 임시 거처로 옮겨 지내게 한 이후 최홍원은 하루에 세 번이나 어머니의 소식을 전해 들었다. 어머니의 몸 상태가 조금이라도 나빠지면 애가 타고 어머니의 환후가 좋으면 최홍원의 마음도 평안해졌다.

최홍원은 어머니의 식사를 가장 신경 썼다. 가족의 건강을 챙기기 위한 방법은 여러 가지가 있지만, 평소 좋은 음식을 먹는 것도 한 가지 방법이다. 음식 만들기는 대개 여성이 담당했지만, 음식 조리책은 남성이 만들기도 했다. 예안 오천에 거주 했던 김유(1491-1555)와 그의 손자 계암 김령(1577-1641)이 지은 『수운잡방』이 대표적인 사례이다. 이 책의 특징 가운데 하나는 '어떤 약효'가 있다고 표기된 음식이 많다는 점이다. 김유가 『수운잡방』을 편찬하는 데는 의약에 조예가 깊은 선조와 의약과 음식의 근원이 같다고 보는 당대의 인식 및 여유로운 경제적 배경이 영향을 끼쳤다.[78]

김유가 『수운잡방』을 저술할 때 『산가요록』의 조리법을 인용하기도 했지만,[79] 민간의 속방俗方을 참고하면서 집안에서 일상적으로 이용하던 조리법도 함께 기록했다. 음식에 대한 정보를 모으고 정리하는 것이 양반의 일상은 아니었지만, 김유는 음식 조리법에 대한 정보를 모아서 제사와 손님 접대 및 가족들의 건강을 유지하는 데 이용했다.

최흥원 역시 어머니가 편찮으실 때 약을 지어 드리거나 의원을 부르기도 했지만, 어머니의 체력 증진을 위해 밥상에 신경을 썼다. 입맛을 돋우기 위해 육류, 생선, 해산물 등을 밥상에 올렸고, 옻골 인근의 시장뿐만 아니라 동해안에도 사람을 보냈다. 최흥원이 어머니를 모실 때, 부엌일은 아우들이 독립하기 전까지는 제수들이 맡았다. 둘째 아우는 일찍 독립했기 때문에 어머니는 제수씨가 있는 둘째 아우 집에 머물기도 했다. 1747년

6월부터 막내아우가 독립하면서 최흥원은 주방을 돌볼 사람이 없어 더욱 걱정되었다.

1741년 7월-8월에는 어머니의 손바닥에 종기가 생겼는데 이것을 치료하여 회복되는 데 한 달이 걸렸다. 7월 10일에 어머니의 손바닥 종기가 가볍지 않은 듯하여서 똥으로 뜸을 떠보았다. 15일에는 어머니의 종기 치료 시기를 놓칠까 싶어 의원에게 물어보려고 경산으로 길을 나섰다. 의원한테 처방을 얻어 어머니가 있는 곳으로 돌아오니, 16일 한밤중이었다. 밀가루 풀, 메밀가루 풀, 생들깨를 찧어 종기에 붙였다. 17일에는 종기가 생긴 곳이 썩고 뿌리가 얽혀서 약효를 보기가 쉽지 않을 것 같았다. 남씨가 와서 개의 쓸개즙을 발라 주면 신기한 효험이 있다고 해서 곧바로 그렇게 했다. 18일에도 어머니의 종기가 여전했다. 인동 할아버지가 개를 잡아 왔기에 뽕나무 잿물로 씻은 후 개의 쓸개를 발라서 메밀가루 풀과 섞어 종기 난 곳에 붙였다.

19일에는 종기 부위가 더 썩었고 숨소리가 약했다. 또 개를 잡아서 쓸개를 취하고 고기는 달여서 고약을 만들었다. 20일에는 종기 난 곳에 새살이 돋을 조짐이 있었으나, 어머니는 찌르는 듯한 통증 때문에 씻기가 어렵다고 했다. 며칠 동안 어머니의 병에 차도가 없었다. 28일에야 어머니 병의 증세가 완화되었으나, 완전히 아무는 것은 기약할 수 없었다. 그런데 또 종기

옆에 좁쌀 같은 것이 많이 생겨나서 최흥원의 걱정은 이루 말할 수 없었다. 8월 9일에야 어머니의 종기 난 곳이 거의 아물었다. 이제부터 후환이 없을지, 최흥원은 또 다른 걱정이 시작되었다.

아내와 아들의 갑작스러운 죽음

질병이 생활 가까이 있는 만큼 죽음도 최흥원의 삶 가까이에 있었다. 1740년 3월 21일부터 아내의 병이 갑자기 위중해졌다. 산후중으로 짐작되었다. 이틀 뒤인 23일에는 지탱하기가 어려울 정도여서 최흥원은 너무나 답답하고 절박한 심정이었다. 24일에 아내의 병이 더욱 위중해졌고, 25일에도 병의 차도가 없어 최흥원은 어찌할 줄 몰랐다. 둘째 아우가 정 의원에게 가서 약을 물어보고 와서 시호탕을 써 보았다. 26일에 아내의 병은 이미 손을 써 볼 도리가 없다고 최흥원은 판단했다.

28일에는 아내를 외실外室로 옮겨 눕혔다. 죽음을 준비하기 위해서였다. 29일, 아내는 혀 위에 검은 설태가 끼고 몸의 상태는 더욱 나빠졌다. 스스로 일어나지 못할 것을 짐작한 듯 유언으로 "아들을 위한 혼수용품을 절대로 초상에 쓰지 못하도록 해주세요"라고 했다. 또 "초상 중의 제전祭奠은 검소하게 하여 종가의 형편을 해치지 못하도록 해 주세요"라고 했다. 이어 "부모 형제를 보아서도 하고 싶은 말이 아주 많다고 하겠지만 친정 오라버니는 멀어서 통할 수 없고 친정에서는 아무도 보러 오지 않아서 이것이 원통합니다. 초상 때 쓸 명주와 비단 및 장례 도구는 친정 오라버니에게 요청하고, 이후로도 서로 오가며 제가 살아 있을 때처럼 해 주세요. 또한 혼인을 맺도록 도모하여 저와 다하지 못한 연을 이어 가도록 해 주세요"라고 했다.

아내의 유언은 계속 이어졌다. "양가에 큰 불효를 끼치게 되었으나 홀로 계신 노모가 더욱 한스럽습니다. 간절히 바라옵건대 저를 위하여 저의 노모를 잊지 말아 주세요"라고 했다. 또 말하기를, "죽게 되거든 염습하는 도구를 검소하고 정결하게 하여 주세요"라고 했다. 최홍원은 이에 대답하여 "모두 그대로 따르겠소. 마음을 평안히 하고 명을 기다리는 것이 옳겠소"라고 했다. 아내는 얼마 있다가 어린 딸은 밀양 친정에 보냈으면 했고, 새로 부인을 맞이하여 어머니를 봉양하고 아이들을 보살피게 했으면 좋겠다고 했다. 아내의 말이 멈추지 않자 최홍원은 모두 따르겠으니, 이후로는 여러 말 말라고 하자 아내가 비로소 하던 말을 멈추었다.

4월 1일에 최홍원은 아내의 병이 막바지에 이르렀다고 판단했다. 4월 2일 날이 밝기 전에 둘째 아우에게 의원을 불러오도록 했다. 의원이 맥을 짚어 보고 형색을 살피더니 생맥산을 써 보라고 했다. 4월 4일 저녁에 아내는 끝내 숨을 거두었다. 최홍원은 통곡하고 통곡했다.

아내를 잃은 지 1년이 지난 뒤에 가엾은 둘째 아들 용장마저 세상을 떠났다. 1741년 6월 16일에 용장이 갑자기 아팠다. 아들을 어머니 곁에 두자니 걱정할까 봐 최홍원은 본인 곁에 두었다. 17일 아이의 병이 지탱하기가 어려울 것 같았다. 둘째 아우도 아이가 불쌍하고 걱정되어 최홍원과 함께 밤을 지새웠다. 18일에는 온몸에 열이 나고 아파했으며 설사까지 했다. 그러나 정신은 혼미해지지 않아서 조금의 가망이라도 있을까 봐 주변에 인삼 조금을 빌려 두고 증세를 살폈다.

19일에 아이의 병은 전혀 가망이 없어 보였다. 차마 보지 못할 지경이었다. 20일에는 아이의 손발이 싸늘하고 설사가 멎지 않았다. 인삼 6-7푼을 달여서 세 차례로 나누어 마시게 했다. 21일, 아이는 손쓸 수 없게 되었다. 최홍원은 "아이가 어미를 잃은 뒤부터 근근이 지금까지 지탱하여 오다가 우연히 병을 얻어서 끝내 구하지 못할 지경에 이르렀으니, 이 무슨 참혹한 재앙이란 말인가?"라고 탄식했다. 최홍원은 창자가 끊어지는 듯했다. 오후에 결국 둘째 아들은 요절했다. 최홍원은 본인도 모르게 목 놓아 통곡했다.

6월 22일 오전에 관이 마련되었다고 해서 최흥원은 곧바로 염을 하여 부인 묘 옆에다 아들을 묻은 뒤 통곡하고 돌아와 어머니를 뵈었다. 손자가 요절하는 바람에 어머니가 식사를 제대로 하지 못하고 비통해하니, 장차 병이 생길 것 같아 걱정되었다. 이 모든 것을 본인이 불효하여 부른 재앙으로 여겼으므로, 죄스러워 눈물만 흘렸다. 6월 26일에 남가南哥 아이가 왔기에 자식 잃은 슬픔을 말하며 절구 한 수를 짓도록 했다. 그는 곧바로 시를 지어 주었다. 상심해 있는 본인을 위해 어린아이가 지어 준 시를 최흥원은 일기 한편에 적었다. 최흥원은 아내와 어린 자식을 연달아 잃은 아픔을 품고 삶을 견뎌야 했다.

최흥원의 의학 지식과 질병 치료

양반 가운데는 가족과 향촌 백성들의 건강을 위해 의료 지식을 섭렵한 자들이 많았다. 이들은 직접 침을 놓거나 약방문藥方文을 짓는 등 의료 활동을 하거나 의학서적을 저술하기도 했다. 예안 출신 퇴계 이황(1501-1570)의 『퇴계전서』, 안동 출신 류성룡(1542-1607)의 『서애전서』와 이정회(1542-1613)의 『송간일기』, 성주에 유배 온 이문건(1494-1567)의 『묵재일기』 등을 비롯한

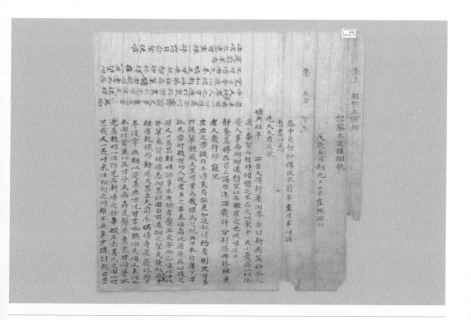

그림 19 **최흥원**(崔興源) **서간**(書簡), 한국국학진흥원

1748년 최흥원이 이의한에게 보낸 편지다

그림 20 **최흥원의 효자 정려각**

16-17세기의 여러 자료를 통해 이러한 사실을 확인할 수 있다.

류성룡이 쓴 친필 일기인『류성룡비망기입대통력柳成龍備忘記入大統曆』에는 '병환일지'를 포함하여 중국에서 수입된 각종 의학서, 침과 뜸을 사용하는 방법과 부위, 임상경험 등이 상세하게 적혀 있다.[80] 이를 토대로 류성룡은 의학서적『의학병증지남醫學辨證指南』과『침경요결』을 저술했다. 류성룡이『의학변증지남』을 간행한 이유는 집안의 자제들이 부모를 섬길 때 마음대로 치료하지 않고, 의학지식에 기초하여 치료하도록 하기 위해서였다. 그는 부모가 병으로 침상에 누워 있는데, 시원찮은 의사에게 맡긴다면 불효하는 것과 같으며, 부모를 섬기는 자는 의사를 잘 알지 않으면 안 된다고 했다. 병든 부모님을 잘 모시기 위해서는 좋은 의사와 훌륭한 의학 정보를 가지고 있어야 하며, 이 역시 '효'라고 여겼다.[81]

최흥원 역시 어느 정도의 의학지식이 있었는데, 그 이유는 류성룡과 맥락을 같이 한다. 어머니는 1738년 12월에 비증痞證으로 고생했다. 그때 일기를 보면 다음과 같다.

어머니의 위중한 증세가 비록 그쳤지만 원인과 상태는 그대로 남아 있어서 인발을 급히 보내서 건강乾薑 등속을 사 오도록 했다.

둘째 아우가 경산으로 가서 의원을 만나 보았는데, 지길온중탕 처방을 받아서 왔다. 이것은 [명치 아래가 그득하면서도 아프지 않은 증상인] 비증痞證을 치료하고 속을 따뜻하게 해 주는 처방이다.

— 12월 11일

또 둘째 아우를 감영 의국에 보내어 약을 지어 오도록했는데, 저물녘에 돌아와서 한 첩을 달여서 올렸다.

— 12월 12일

어머니의 병환은 어제보다 더하지 않았으나 자주 허핍虛乏하여 거듭 찐 보리밥을 올려 보았다. 가슴속이 막히고 그득해지는 증상이 아주 심하여 생각해 보니 보리밥이 소화를 잘 시켜 줄 것 같았기 때문이다. 밥을 드신뒤에 또 약을 한 첩 써 보았다.

— 12월 13일

어머니의 병환이 한결같았다. 다만 드러나게 더해지

지는 않았고, 아침밥을 먹기 전에 대변을 조금 보셨는
데, 건조했다. 셋째 아우와 함께 머리 빗는 것을 도와드
렸다.

— 12월 14일

어머니의 환후는 어제와 달리 조금 안정되었다. 또 약
한 첩을 써 보았다.

— 12월 15일

어머니의 병환이 마찬가지여서 몹시 애가 타고 걱정이
된다. 또 약 한 첩을 올렸다.

— 12월 16일

어머니의 환후가 마찬가지였다.

— 12월 17일

어머니의 흉복부가 막히는 증세는 한결같았다. 그러나
대변은 평상시와 같았다. … 오후에 어머니의 막힌 증
세가 조금 뚫렸다.

— 12월 18일

어머니의 병환은 더해지지 않았다. 아침에 거듭 찐 밥을 조금 올렸다.

— 12월 19일

어머니의 병환은 더해지지 않았으나 원기가 허해지는 조짐이 있었다. 머리를 빗은 후에 어깨와 팔의 통증이 조금 있었고, 코막힘이 아주 심했다. 가지가지로 애가 타고 걱정이 된다.

— 12월 20일

어머니의 병환이 어제와 같았다. 배꼽에 뜸을 조금 떠 보았다. 저녁에 머리가 어지러운 증세가 있었다.

— 12월 21일

어머니가 어지러워하고 약하게 하품을 하고 기지개를 켜며 흉복부가 불편하다고 하셨다. 너무 걱정이다.

— 12월 22일

어머니의 환후는 마찬가지이다.

— 12월 23일

어머니의 환후는 더해지지 않았다.

— 12월 24일

어머니가 초저녁에 두통이 아주 심해지고, 복명腹鳴이
또 심해지셨다. 몹시 애가 타고 마음이 절박해졌다.

— 12월 25일

어머니가 피곤해함이 날로 심해지고, 대변이 또 건조
해졌다. 너무 애가 타고 걱정이 된다.

— 12월 26일

어머니의 막히는 증세가 조금 통했다가 밤에 도로 막
혔다.

— 12월 27일

어머니의 병환은 한결같이 줄어들 기미가 없어서 너무
애가 타고 절박한 심정이다.

— 12월 28일

어머니의 위완통이 또 심해져서 밤새도록 오락가락했

다. 어찌할 줄을 모르겠다. 정 의원에게 가서 물어보
니, 향사이진탕을 처방해 주어서 저물녘에 돌아왔다.
종지 할아버지와 인동 할아버지가 와서 잤는데, 내가
애를 태우며 걱정했기 때문이다.

— 12월 29일

어머니의 병은 다음 해인 1739년에도 계속되었으며, 3월에
이르러서야 어느 정도 회복되었다. 최흥원은 의학지식이 있었
기 때문에 처방받은 약의 효능을 이해했으며, 의학서적을 구해
보는 가운데 의료 지식을 확장했다. 최흥원은 어머니의 식사
를 관리했고, 병의 진행 상태에 따라 신속하게 대응했다. "아침
밥을 드시기 전에 대변을 조금 보셨는데, 건조했다", "밥을 드신
뒤에 대변이 꽤나 미끄럽게 잘 나왔다"고 기록하는 등 변의 상
태로 병의 진행 상황을 확인하기도 했다.

1739년 1월 24일, 어머니의 병이 회복될 기미가 없자, 최흥
원은 절박한 심정으로 한밤중에 하늘에 빌고 약방문이 적힌 책
을 보면서 어머니의 통증에 대해 분석했다. 그는 "어버이를 모
시는 자는 의학을 몰라서는 안 되지만 의학을 안다는 것도 쉽지
않으니, 두려워할 만하다"라고 했다. 최흥원은 어머니의 병에
대해 의사만큼 전문적인 지식을 가지고 있었다. 그가 의학지식

을 가진 것은 효행의 연장이었다. 최흥원의 어머니 병간호는 개인 주치의 수준이었다.

1739년 6월부터 어머니의 가슴속이 꽉 막히고 더부룩하며 손발이 싸늘한 증세가 다시 심해지자 생강즙에 꿀을 타서 드리거나 익원산을 올리기도 했으며, 어린아이의 오줌을 드리는 등 민간요법도 썼다. 한 달이 넘도록 어머니 병환에 차도가 없고 어머니의 식사가 더욱 어려워지자 6월 하순부터 의원을 찾았고, 7월 2일에 의원한테 향사이진탕 5첩을 지어 왔다. 다행스럽게도 3일부터 어머니의 환후가 더해지지 않았다. 이진탕은 따뜻하게 하고 말리는 성질의 약재인데, 함부로 썼다가는 후회가 있을 듯하고, 또 어머니가 답답해하고 갈증이 나는 것을 견디지 못하므로 따뜻한 성질의 약재는 더욱이 삼가야 할 것으로 판단했다. 최흥원은 약재 사용을 멈추고 앞으로의 경과를 기다려 보기로 했다. 4일에도 어머니의 환후가 드러나게 심해지지는 않았지만, 남은 증세가 떨어지지 않았다. 주변에서 이진탕을 사용하라고 조언했으나, 최흥원은 더울 때는 이진탕을 쓰지 않는 것이 좋을 것 같아서 어머니에게 드리지 않았다.

최흥원은 동생이나 제수씨가 아플 때도 약을 구해 처방하거나 관리했다. 집에는 거의 매일 아픈 사람이 있었다. 1742년 7월 14일 일기에는 어머니는 편한 날이 없고, 둘째 아우의 병도 회복될 기미가 없으며, 막내 제수 또한 크게 아프니, 흰 머리털이 하루에 한 길은 자라는 것 같다고 했다. 7월 15일은 아버지의 기일을 하루 앞둔 날인데, 둘째 아우와 셋째 아우가 아팠다.

최흥원은 의학 지식을 익혀 본인과 가족의 질병을 치료했다. 특히 본인의 질병에는 뜸을 자주 이용했다. 1741년 8월 9일에는 고황과 폐수혈에 각각 17장씩 뜸을 떴다. 1742년 3월 25일에도 견우와 곡지혈에 각각 7장씩 뜸을 떴다. 4월 9일-28일에는 고황과 폐수혈에 뜸을 떴다. 1745년 5월 초부터 최흥원은 이질로 숨이 끊어질 듯한 고통을 느꼈으며, 6월에도 두통과 이명으로 괴로운 나날이었다. 그는 시간이 날 때마다 뜸을 떴다. 어머니와 며느리에게도 매일 뜸을 떠 주었다. 최흥원의 병이 심하여 일어나지 못한 지 거의 한 달이 되었다. 어머니는 하루에 세 번씩 최흥원의 병을 살피러 왔는데, 어머니의 체후를 살펴야 하는 자식의 도리를 다하지 못하는 자신을 불효막심하다며 자책했다.[82]

가족 가운데 여성이 아프면 치료가 곤란할 때도 있었다. 둘째 아우의 막내딸이 복부 아래에 큰 종기가 생겨 곪았는데, 최흥원은 침을 놓으면 고칠 수 있을 거 같았다. 어린 여자아이일지라도 남성의 손을 대게 하자니 최흥원은 걱정이 앞섰다. 마침 조카 사진의 처가 직접 불에 달군 침을 사용하여 진물을 빼내어 완쾌되었다. 최흥원은 조카며느리의 마음 씀씀이가 사랑스러

웠다.[83]

최홍원은 가족의 질병 치료와 간호를 주관하는 가운데 필요하면 의사를 부르거나 약을 구하기도 했다. 효와 자애를 비롯하여 인륜의 덕목으로 무장한 최홍원은 국가, 사회, 가족의 상호 보완 속에서 해결해야 할 질병 치료의 상당 부분을 혼자 책임졌다. 최홍원과 같은 양반의 의술 활동은 결과적으로 미약한 국가 의료시스템을 보완해 주었다.

대구부 의국과 의원의 도움

조선시대 지방의 의료 체계는 의료 기구인 의국과 의료 인력인 교유敎諭·심약審藥·의생醫生으로 이루어졌다. 교유와 심약은 도道에 설치된 의국에 파견되는데, 교유는 의생 교육과 관민의 치료를 담당하고, 심약은 약재 채취에 종사했다. 고을에는 규모에 따라 의생이 8-16명 파견되지만, 이들의 의료 능력이 떨어지고 인력도 부족하여 백성들이 관에서 제공하는 의료 혜택을 받기란 쉽지 않았다.[84]

최홍원은 경상감영이 있는 대구부에 살았고, 의국을 이용할 만큼 경제적으로도 넉넉한 편이었다. 최홍원은 가족의 질병 때문에 대구부 의국을 수시로 드나들었다. 1739년 7월 22일, 누이 동생이 해산할 기미가 있어 최흥원은 급히 대구부 의국에 사람을 보내어 천궁과 당귀를 2냥씩 사 오게 했다. 누이동생의 산후병이 심해지자 최흥원은 27일 밤에 대구부 의국에 사람을 보내어 천궁과 당귀를 더 구하도록 했다. 경상감영이 생긴 이래 감영 앞에는 약재를 판매하는 약령시가 형성되었다. 1742년 10월 6일과 9일에는 약령시에서 약재를 샀다.

1742년 7월, 임시 처소에 머물 때 어머니, 둘째 아우, 셋째 아우가 동시에 아팠다. 16일에 정 의원이 방문해서 최흥원은 매우 고마웠지만, 밤이 깊은 시간에 왔기 때문에 병든 아우를 진찰해 볼 수 없어 안타까웠다. 17일 아침 일찍 정 의원과 함께 둘째 아우에게 가서 맥을 짚어 보니 중증이어서 더욱 마음이 불안했다. 18일, 둘째 아우의 병세는 여전한데 의원이 돌아가야 한다면서 치료할 방도를 알려 주었다. 최흥원은 임시 처소에서 마음을 써 본들 열에 여덟아홉은 조처하기 어려우니, 너무 근심스럽고 답답했다.

어머니와 둘째 아우의 병에 차도가 없어 걱정스러운 나날을 보내고 있는 가운데 28일에는 둘째 아우의 병이 더욱 위중해졌다. 임 의원이 감영에 와서 머무르고 있다는 소식을 듣고 막내 아우를 보내어 임 의원을 데리고 오도록 했다. 7월 29일, 막내

아우가 의원을 부르러 갔고, 8월 1일에 임 의원이 왔다. 진맥한 뒤에 간기肝氣를 없애 주고 비기脾氣를 보충해 주는 약인 별갑건 중탕을 쓰라고 했다. 임 의원을 만류하여 자고 가도록 하고 싶었으나 관찰사의 병 때문에 빨리 돌아가야 한다고 했다.

8월 2일, 둘째 아우가 건중탕을 달여 먹고 곧바로 토하여서 최홍원은 매우 걱정되었다. 그사이 점도 쳐 보았다. 갈수록 걱정이 심해져 흰 머리도 늘어나고 9월 3일에는 급기야 아랫도리를 못 쓰는 지경에 이르렀다. 10월 16일에는 막내아우를 대구부에 보내 약재를 사 오라고 했다. 19일에는 셋째 아우가 임 의원을 부르러 갔는데, 그는 아프다고 오지 않다가 경산 관아에 들렀다가 24일에야 와서 둘째 아우의 병을 살피고 가감온중탕 20첩을 처방하고 감영으로 돌아갔다.

1745년 12월 15일, 집에 있던 처남의 아들 기특이 아파서 16일에 배 의원을 불러 살펴보게 했더니 중증이라고 하면서 인삼평위산을 처방해 주고 17일에 돌아갔다. 18일에도 배 의원이 와서 병을 살펴보고 그대로 머물며 간호했다. 19일에는 수령이 갑자기 의원을 보내어 기특을 살펴보도록 했다. 지방관을 역임하던 처남과 대구 수령은 아는 사이여서 배려를 해 준 것이다. 20일에도 기특의 병이 가볍지 않아서 염려스러웠는데, 수령이 또 홍 의원을 보내어 살펴보게 하고 인삼도 보내왔으며 증상이 심해지면 본인에게 알려 달라고 했다. 기특이 코피를 쏟고 나서 병이 줄어들 조짐이 있어 돌림병이라는 것을 알게 되었다. 22일에도 배 의원이 기특을 간호했는데, 돌림병으로 판단하고 두려워서 재빨리 돌아갔다.

1746년 1월 26일, 조카 사진의 통증이 극심하여 셋째 아우가 또 배 의원과 들어가 살펴보고 우황을 먹이고 나왔다. 2월 2일에야 사진이 고비를 넘겼기 때문에 배 의원을 돌려보냈다. 배 의원은 최흥원 집에 와서 머문 지 14일 만에 돌아갔다. 최흥원은 배 의원과 더불어 환난을 함께했기 때문에 그에 대한 고마움을 잊을 수가 없었다.

1748년 5월 27일에는 셋째 아우가 아파서 정 의원을 불렀다. 28일 아침 일찍 정 의원이 와서 진맥했는데, 곧 위험한 증세는 완화될 것이라고 하면서 익기회양탕을 처방하고 돌아갔다. 그런데 6월 7일 한낮에 아우의 한기가 더욱 심해졌다. 막내아우가 의원 이광삼과 황씨 성을 가진 점쟁이를 만나기 위해 대구부에 갔다. 이 의원은 풍風이라고 했는데, 최흥원의 판단과 거의 일치했다. 셋째 아우는 회양탕을 복용했다. 두어 달이 지나도 셋째 아우의 병이 회복되지 않았다. 최흥원의 생각으로는 쉽게 회복될 증세가 아니어서 근심되고 눈물이 났다. 옷과 버선을 보내어 이 의원에게 물었다. 셋째 아우는 7월 25일까지 이 의원이 처방해 준 약을 먹었는데 차도가 없자, 정 의원에게 가서 피를 맑게 하고 나쁜 기운을 없애 주는 양혈사물탕을 처방받았다. 윤7월 9일에는 막내아우가 대구부 의국에 가서 산사탕 10첩을 지어 왔다.

셋째 아우의 병은 1749년에도 계속되었다. 4월 6일, 배 의원을 불렀다. 의원은 다른 치료 방법이 없고 단지 음식으로 요양하고 얼굴빛을 화기롭게 유지하라고 처방했다. 배 의원은 8일까지 머물다가 돌아갔다. 15일, 어머니와 셋째 아우가 아픈 상황에서 최흥원의 마음은 애가 타고 절박했다. 7월 3일에 이르러서야 어머니의 병환은 다행스럽게도 더 심해지지 않았고, 셋째 아우의 병도 조금 덜해서, 최흥원의 마음이 조금은 안정되었다. 그는 대구부 의국에서 외상으로 작설과 약을 구했다. 9월 12일, 어머니의 병환은 다행히 심해지지 않았으나 회복되던 셋째 아우의 병이 더욱 심해져서 최흥원은 다시 답답해졌다. 9월 15일, 어머니와 셋째 아우가 아픈 가운데 이번에는 손녀의 부스럼을 치료하기 위하여 이 의원을 불러왔다.

최흥원은 가족들이 아파서 절박한 날이 많았다. 감영 의국이나 주변 고을 의원의 진료를 받기도 하는 등 상대적으로 의료 혜택을 쉽게 받을 수 있는 처지여서 그나마 다행이었다. 의원에게 진료를 받지 못할 때는 처방전만 받아 오기도 했다. 1750년

8월 18일에 어머니가 병환으로 고생하자, 둘째 아우를 경산의 정 의원에게 보내 불이음不二飮 처방전을 받아 왔다. 어머니와 셋째 아우가 아픈 가운데 10월 23일에는 둘째 아우의 출산한 며느리가 위중한 증세가 있다고 해서 경주댁에서 인삼 1돈 2푼을 꾸고, 막내아우를 대구부 의국으로 보내어 인삼을 더 사서 급히 조카며느리에게 보내도록 했다.

가족들이 연달아 아팠기 때문에 약값도 만만치 않았다. 감영 의국이나 개인 약국에서 약을 산 경우 외상으로 가져오기도 했다. 1747년 7월 2일에는 서숙을 시켜 민 약국의 약값 5전 4푼과 감영 약국의 약값 4전을 갚았다. 1748년 9월 2일에는 약값을 갚기 위하여 작은 송아지를 7냥 5전을 받고 팔았다. 1769년 8월 20일에는 약값 때문에 인동 할아버지를 부중에 보냈고, 9월 7일에도 약값을 갚기 위하여 아당을 부중에 보냈다.

9

전염병의 급습,
지혜로 살아가는
방법을 익히다

3-4년에 한 번은 급습하는 전염병

전염병은 삶을 위협하고 일상을 무너뜨리는 무서운 질병이
다. 전염병이 돌면 당사자뿐만 아니라 주변 사람들도 긴장하고
전염이 확대되지 않도록 다양한 방법을 시도한다. 전통시대에
는 오늘날에 비해 죽음이 삶과 더욱 가까이 있었고, 전염병이
돌면 주변 사람들이 수시로 죽어 가는 끔찍한 현장을 직접 눈으
로 보는 일도 빈번했다.

조선시대에는 전염병이 돌면 국가에서 대응책을 마련하지
만, 실제적 혜택이 고을의 백성들에게 골고루 미치지 않은 경
우가 더 많다. 양반은 여러 가지 한계 속에서 가족공동체를 중

심으로 질병에 대응하는 가운데 위기를 극복하기 위한 절실하고 현실적인 방법들을 시도한다. 일상을 기록한 일기에는 전염병을 비롯한 질병이 비교적 자세하게 잘 기록되어 있는 것이 특징이다. 최흥원은 전염병이 발생했을 경우 어떻게 대응했을까? 우선 대구와 옻골을 중심으로 발병한 전염병의 발병 연도와 종류를 보면 【표 3】과 같다.

발병 연도	전염병의 종류	발병 연도	전염병의 종류
1737-1738	천연두, 홍역, 이질	1759-1760	천연두, 전염병(미상), 이질
1739	홍역, 이질	1761	천연두
1741	천연두, 이질	1762	이질
1742	천연두	1763-1764	천연두, 이질
1745	천연두, 이질	1765	이질
1746	천연두, 홍역, 이질	1766-1767	천연두, 홍역, 이질
1747	천연두, 홍역	1768	천연두
1749	이질	1769	천연두, 이질
1750	전염병(미상)	1770	천연두
1751	천연두, 이질	1771	천연두
1752	이질, 홍역	1774	천연두
1753	전염병(미상), 이질	1778	천연두
1756	전염병(미상), 이질	1784	천연두
1758	이질		

표 3 『역중일기』에 보이는 전염병의 발병 연도와 종류

1737년부터 1786년까지 50여 년 동안 대구 지역에서 전염병이 발병한 기간은 거의 14여 년에 해당한다. 최흥원이 1765년 이후에는 일기를 간헐적으로 기록하기도 했기 때문에 빠진 것도 있을 것이다. 당시 유행한 전염병으로는 천연두·홍역·이질 등이 대표적이다. 천연두는 거의 12여 년에 걸쳐 있다. 전염병 가운데 천연두가 전염 기간이 가장 길었다.

『조선왕조실록』을 통해 전염병을 검토한 논문에서는 1651년-1700년 312회, 1701년-1750년 250회, 1751년-1800년 83회 전염병 기록이 나오고, 17세기 중반부터 19세기 중반까지 대략 200년 동안 전염병 발생 빈도는 250회로 밝혀졌다.[85] 거의 매년 전염병이 발생한 셈이다.

지금은 천연두가 정복되었지만, 전통시대에는 동서양할 것 없이 천연두는 전염성이 강하고, 주기적으로 반복되며, 치명률도 높았다. 홍역이나 이질에 비해 훨씬 공포스러웠으며, '큰 마마', '큰 손님' 등으로도 불렸다. 천연두의 대표적인 증상은 온몸에 발진이 나고, 고열을 동반한다. 천연두에 걸려 생존한 사람 가운데 60% 이상은 얼굴 피부가 울퉁불퉁해진다.

전염병이 급습하면 두려움에 떨고 어떻게 대응해야 할지 우왕좌왕하기 마련이다.

숙모님의 이질이 아주 가볍지를 않아서 사람과 말을
의원 집에 보냈으나 정 생鄭生이 밀양 관아로 가서 머물
고 있으므로 끝내 헛걸음하고 돌아왔으니, 어떻게 해
야 할 줄을 모르겠다. 경험방으로 구급약이 없지 않으
나 함부로 써 보기에는 너무 두렵다.

— 1737년 6월 20일

서숙을 부중으로 보내어 강 의원이나 배 의원을 찾아
보도록 했으나 천연두가 치성한 가운데 왕래하는 것이
너무 걱정스럽다. 서숙이 돌아오기도 전에 갑자기 숙
모님이 변고를 당했으니, 해가 넘어가려는 때였다. 위
험한 조짐이 있다는 것을 미리 알고 종지와 지묘의 여
러 할아버지와 아재들한테 급히 알렸다. 서숙에게 초
혼하도록 했다. 밤중에 여러 곳에 부음을 전했다.

— 1737년 6월 21일

1737년 숙모가 이질에 걸렸는데, 최흥원은 의원을 급히 구
하기가 쉽지 않았고, 구급약이 있기는 하지만 함부로 써 보기에
는 두려워 처방하지 못했다. 숙모는 최흥원이 손써 볼 겨를도
없이 운명을 달리했다. 전염병은 두려움과 공포 그 자체였다.

주상께서 백성을 걱정하시어 벽온단(辟瘟丹)을 나누어 하사하시고, 또한 낭관과 감사를 파견하여 여귀(厲鬼)에게 제사를 올리도록 하셨다. 성은이 이에 이르렀으니, 신민들은 마땅히 감격하여 은혜 갚을 일을 생각해야 할 것이다. 그런데 지금 세금을 화급하게 독촉하여 전리(田里)에서 소요가 일고 있으니, 역시 성상의 뜻을 우러러 본받는 것이 아니다. 참으로 한탄스러울 뿐이다.

— 1746년 5월 22일

아침 식전에 갑자기 석전 딸의 편지를 받아 보니 이질에 걸려 괴로움이 가중되었다고 했다. 지촌 할아버지를 부중에 들여보내어 약을 지어오도록 했다.

— 1758년 6월 9일

전국 규모의 전염병이 발생하면 국가에서는 백성들의 생활을 안정시키기 위해 세금을 감면해 주고, 금지하던 도축을 허락하여 몸을 보양할 수 있도록 조치를 취했으며, 전염병 귀신 추방을 위한 제사를 지내거나 전염병 예방에 좋은 벽온단(辟瘟丹)을 하사하기도 했다. 지방에 마련된 의료제도는 가장 실질적인 대책이다. 대구에는 감영이 있어, 최흥원은 수시로 의국을 이용했다.

최홍원의 전염병 예방 매뉴얼

전염병이 유행하는 상황을 자주 겪게 되면서 최홍원은 나름의 전염병 예방 매뉴얼을 갖게 되었다. 1월 1일에는 선성벽온단宣聖辟瘟丹을 복용했다. 선성벽온단은 12월 24일 깨끗한 물에다한약재인 유향乳香을 담가 두었다가 1월 1일에 복용하는 작은유향 덩어리이다. 이것을 물과 함께 복용하면 유행병에 걸리지않는다고 한다. 최홍원은 연로한 어머니에게는 1월 1일 밤 11시와 다음 날 새벽 1시 사이에 선성벽온단을 직접 챙겨 드렸다.[86]

12월 하순 밤에 안뜰 큰 방 앞에서 대나무를 태우기도 하는데,[87] 이 역시 일종의 벽온방辟瘟方이다. 의학으로 모든 것을 해결할 수 없는 상황에서 꿈이나 점술 등에 의지하기도 했다. 아이가 천연두에 걸렸을 때 꿈에 어머니가 나타나 최홍원의 빚이절에 귀속될 것이라고 했다. 꿈에서 언급한 대로 최홍원은 천연두 걸린 아이가 절에 들어가는 것도 나쁘지 않을 것이라고 생각했지만, 이미 점을 쳐서 아이를 절에 들여보내지 않기로 정했기때문에 꿈을 따르지 않았다.[88] 최홍원은 절박한 심정으로 꿈이나 점술에 의지하여 전염병을 예방하거나 경계하고자 했다.

전염병을 대비하여 미리 약재를 준비해 놓거나 지인이 전염병에 걸리면 이를 극복하는 데 필요한 여러 가지 물품을 부조하기도 했다. 최홍원의 처남 손진민은 천연두에 쓸 약재를 붓과 먹을 보낼 때 함께 보내 주었다. 남군은 마마를 앓고 있는 곳에 건강회복을 위해 닭을 보내기도 했다.[89]

전염병이 유행하면 가장 실질적인 대응은 격리와 거리 두기이다. 일기에는 이것을 '피접避接', '피우避寓' 등으로 표현했다. 아울러 일상적으로 행하던 의례를 멈추기도 했다.

> 아랫마을 천연두에 걸린 아이가 죽어서 우리들의 마음
> 이 한없이 흔들렸다. 곧바로 여러 아우들을 거느리고
> 출피出避했다. 아우들을 먼저 동화사로 보내고, 아이 용
> 령은 하루를 머물게 하여 내일 성복成服한 뒤에 곧 나가
> 라고 했다. 나는 지묘로 가서 길을 돌아 절로 들어갈 계
> 획이다.
>
> — 1742년 2월 7일

지묘에 머물러 들으니 동화사에 또 천연두 경보가 있어서 아우들이 중심中心으로 가서 피접한다고 했다. 나는 기왕에 여기 있게 되었으니 우선 앞으로의 사정을 보아 가면서 함께 모여 살 일을 의논하여 정하기로 했다. 집에서 온 편지를 보니, 어머니께서 또 감기가 더

해졌다고 하여 바깥에 있으면서 애타는 심정은 모시고
있을 때보다 몇 배나 더했다. 앞으로 어떻게 계획을 세
워야 할지 너무 가슴이 답답했다.

— 1742년 2월 8일

최홍원은 마을에 전염병이 돌면 어머니와 가족을 안전한 곳
으로 대피시켰다. 일족이 거주하고 있는 지묘나 중심에 새로운
임시 거처를 마련하기도 하고, 옻골 가까이에 있는 사찰인 동화
사에서 지내기도 했다. 임시 거처를 마련할 때는 안전하고 또
안전한 곳을 골라야 했다.

이를테면 1742년 4월 2일, 전염병이 유행하자 최홍원은 임
시 거처를 옮길 계획으로 막내아우와 인발을 보내어 북산의 여
러 마을을 살펴보도록 했다. 인발은 진정, 능성, 인산 세 마을이
특히 깨끗하여 거처할 만하다고 보고했다. 잠시 후 막내아우가
돌아와 강 남쪽에는 깨끗한 땅이 없다고 말하자, 최홍원은 임시
거처를 진정으로 정했다. 그런데 4월 3일 아침을 먹은 이후 인
산이 더 안전할 거 같아 그곳으로 옮겨 거처했다. 최홍원은 가
족들이 임시 거처로 옮기거나 본인이 임시 거처로 옮긴 이후 가
족들과 헤어졌을 때는 수시로 소식을 주고받으며 대응 방법을
고민하고 해결책을 제시했다. 인산은 아주 외진 곳이어서 대피

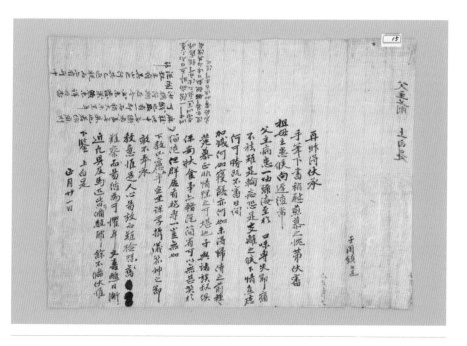

그림 21 최흥원의 아들 최주진이 아버지에게 보내는 편지, 한국국학진흥원

하기에 적합했으나 본가와 떨어져 있어서 연이어 집안 소식을
들을 수 없는 점이 최흥원으로서는 답답했다.

조선시대 제사는 일상에서 중요한 의례 가운데 하나이다.
전염병이 발생할 경우 의례에 대한 대응 역시 중요한데, 대응
방식은 제수를 간소화하거나 제사를 취소하는 것이다.

날이 샐 무렵에 할머니의 기제사를 지냈다. 부중에 천

연두가 치성하여 단지 꿩고기와 닭고기만 희생으로 썼
으니, 안타까웠다.

— 1746년 3월 23일

날이 샐 무렵에 아내의 기제사를 지냈다. 손녀의 천연
두 증세 때문에 신주를 모셔 내오지 못하고 지방을 써
서 제사를 지내니, 제사를 지내지 않은 듯했다.

— 1746년 4월 4일

오늘이 할머니 기제사인데 집안 아이들이 천연두를 앓
는 일 때문에 정결하게 재계할 방법이 없어서 필시 제
사를 지내지 못했을 것이니, 추모하는 마음 더욱 지극
하다. 또 여러 아우 내외에게 편지를 보냈다. 학부 임
시 거처에 홍역이 발생했으니, 식是 때문에 아주 걱정
이다. 밤에 꿈을 꾸었는데, 어머님께서 며느리 및 손자
아이를 창 앞에 세워 두고 어떤 일을 분부했는데, 조금
있다가 홍역 경보가 있었던 것이다.

— 1767년 3월 23일

제사는 죽은 조상에게 효도를 실천하는 가장 중요한 의례이

다. 최흥원은 평소 정성스럽게 준비하여 제사를 지냈지만, 전염병 앞에서는 속수무책이었다. 대구부에 전염병이 유행하여 소고기를 구하지 못할 때는 꿩고기나 닭고기로 대신했고, 집안에 전염병에 걸린 사람이 있을 때는 신주를 꺼내지 않고 지방을 써서 제사를 지내기도 했으며, 아예 제사를 지내지 않기도 했다. 1741년 5월 5일 단오에 최흥원은 참례를 빠뜨렸는데, 아직 천연두를 앓지 않은 사람은 제사를 주관하지 못하게 하기 때문이다. 살아 있는 사람의 안전이 중요했고, 불결한 상태로 조상을 섬길 수 없었다.

전염병을 뚫고 치른 혼례

전염병이 유행하는 동안 제례는 상황에 맞게 대처할 수 있다. 그러나 혼례는 양쪽 집안에서 정한 행사로 여러 가지 절차가 있기 때문에 갑자기 취소하기 어려운 상황이 생기기도 한다.

아침 일찍 밥을 먹은 뒤에 초례 행차를 꾸려 보냈다. 아우들이 모두 천연두를 꺼려서 막내아우에게 데리고 가도록 했다. 나이가 어려서 예모를 잃을 듯하니, 이것이

염려스럽다. 대례大禮[혼인 예식]이어서 앞당기거나 물릴
수 없으므로 곧바로 꾸려 보냈으나 아직 천연두를 겪
지 않은 신랑이 불길 속을 뚫고 가야 하니 십분 마음이
쓰이는데, 무사하기를 묵묵히 하늘에 빌 뿐이다.

— 1742년 3월 5일

사촌 아우의 혼례가 있을 당시 천연두가 유행했다. 앞으로
당기거나 뒤로 물릴 수 없어서 그대로 혼례를 치러야 하는 상황
이었다. 그러나 걱정스러운 마음이 줄어들지 않아, 3월 2일에
최흥원은 종 막남을 오산에 보내어 도로의 천연두 기운을 알아
보도록 했다. 막남이 저물녘에 돌아와서는 길가에 천연두 기운
이 많이 번졌다고 전해 주어 매우 고민했다.

3월 5일 혼례 행차에 여러 명이 모양새를 갖추어야 하지만
천연두를 꺼려 아우들이 가지 않으려고 했고, 최흥원도 억지로
보낼 수 없었다. 할 수 없이 막내아우만 보내기로 했는데, 최흥
원은 예모를 갖추지 못한 것에 아쉬움을 가졌고, 또한 천연두가
유행하는 가운데 혼례를 행하니 두려움이 컸다. 3월 8일 낮에
막내아우가 종들을 거느리고 무사히 집으로 돌아와서 최흥원
은 안심이 되었다.

천연두로 생사를 넘나드는 둘째 아우

천연두를 비롯하여 전염병은 최흥원 주변을 수시로 엄습했다. 코로나19는 우리에게 이례적인 전염병이지만, 최흥원이 살던 당시에는 전염병이 수시로 발생했기 때문에 전염병의 유행은 또 다른 일상이었다. 1747년 1월에 유행한 천연두로 둘째 아우, 둘째 아우의 아들과 딸 및 몇몇 종들이 생사를 오갔다.

옻골에 천연두가 퍼지기 시작한 것은 1747년 1월 3일이다. 1월 5일부터 둘째 아우가 아프기 시작했다. 1월 7일, 최흥원은 동생이 아프다고 하자 걱정스러웠는데, 천연두에 걸렸다는 것을 알게 되었다. 다급해진 최흥원은 감영의 정 의원을 부르러 보냈으나 오지 않았다. 그래서 성산 일족 아재에게 배 의원을 불러오라고 했다. 배 의원은 이틀이 지난 1월 9일에야 왔다.

동생이 천연두에 걸린 것을 확인하고, 최흥원은 1월 8일에 가족들을 신속하게 임시 거처로 피하게 했다. 최흥원은 아픈 동생이 걱정되어 가 보려고 했으나, 주변에서 가지 못하도록 말렸다. 동생이 천연두에 걸렸다는 사실을 친인척에게도 알렸다. 천연두에 보원탕이 효과가 있었다. 보원탕에는 감초, 육계, 인삼, 황기가 들어간다. 닭과 인삼이 주원료인데, 닭은 주변에서 쉽게 구할 수 있으나, 인삼은 구하기가 쉽지 않았다. 보원탕을 계속 복용하기 위해서는 인삼이 많이 필요했다.

1월 11일 경주 일족 어른이 닭을 보내 주었다. 최홍원은 경주 일족 어른께 인삼 8푼을 빌렸다. 1월 12일에는 신령 할아버지가 경주 일족 어른 집에서 인삼 1전 9푼을 빌려 왔다. 1월 13일에 국노가 가서 다시 경주댁의 인삼 1전 5푼을 빌렸다.

최홍원은 어려운 상황에 직면할 때마다 점을 쳤다. 둘째 아우를 위해서도 점을 쳤는데, 점괘가 세상에 버틸 기운이 있다고 해서 그나마 위로가 되었다. 1월 14일에 둘째 아우의 설사가 시작되었고 땀을 내고부터는 숨이 막혀 왔다. 1월 15일부터는 인삼의 효과 때문인지 증세가 호전되었다. 최홍원은 1월 15일 일기에 1월 14일에 안동 법흥에서 인삼 1전이 온 것과 1월 13일에 밀양에서 인삼을 보낸 사실을 기록했다.

둘째 아우는 매일 보원탕을 복용했는데, 16일에는 인삼이 떨어져 보원탕 복용을 멈추고 닭고기 육수를 연달아 먹었다. 17일에는 아우가 죽을 많이 먹고 달게 잤다. 아우 얼굴에 딱지가 가득 생겼고, 갈증 때문에 좁쌀 미음과 사탕물로 목을 적셨다. 최홍원은 신 서방에게 10냥을 주고 의흥에 가서 인삼 2전을 사서 보내라고 했는데, 그 값이 9냥이라고 했다. 부노 태걸이 좋은 인삼 1전 7푼을 주었다.

18일부터 둘째 아우의 얼굴에 있던 마마딱지가 떨어진다는 소식을 들었다. 한숨 돌릴 수 있는 처지가 되었다. 고령에서 인삼이 왔으나 마음에 들지 않아서 돌려보냈다. 19일에는 가족들의 임시 거처 가까이에 천연두가 발생하여서 거처를 다시 옮겨야 했다. 그런데 마땅히 옮길 만한 곳이 없어 막막했다. 최흥원은 작은 돼지를 잡아서 천연두를 앓고 있는 아우에게 보내 먹도록 했다. 아우 얼굴의 딱지가 4분의 1 정도 떨어졌다고 해서 안심이 되었다. 20일에는 둘째 아우의 마마딱지가 거의 떨어졌다고 해서 한시름 놓을 수 있었다. 천연두에 걸린 지 2주 만이다. 그 사이 최흥원은 사방으로 인삼을 구했으며, 아우에게 보원탕을 꾸준히 먹였다.

천연두는 거의 나았지만 건강회복을 위해 둘째 아우를 동화사로 보냈다. 둘째 아우는 거기서 16일 동안 머물면서 요양하다가 2월 16일에야 집으로 돌아왔다. 집으로 돌아오자마자 둘째 아우의 건강 상태가 어떠한지 배 의원에게 진찰을 받도록 했다. 최흥원은 배 의원의 정성 어린 마음을 잊을 수가 없다고 했다. 동생의 건강이 완전히 회복되고 일상으로 돌아가려고 했는데, 2월 18일부터는 둘째 아우의 막내딸이 천연두에 걸렸다. 다시 최흥원은 질녀의 건강회복을 위해 분주한 나날을 보냈다.

둘째 아우와 질녀의 전염병으로 가족들은 두어 달 대혼란 상황에 놓이게 되었다. 나머지 가족들이 안전한 곳에서 머물 수 있도록 거처를 마련하고, 연로하고 병환에 있는 어머니도 돌봐야 하는 처지였다. 최흥원은 피가 마르는 긴장 속에서 인삼을 구하기 위해 백방으로 뛰었다. 드디어 전염병은 지나갔고, 가족들은 다시 안정을 되찾았다. 최흥원은 이 모든 것이 조상의 보살핌과 이웃 사람들의 정성 덕분이라고 생각했다.

아우가 무사히 목숨을 건진 것에 조상과 이웃들에게 보답할 차례이다. 최흥원은 둘째 아우가 천연두를 겪은 뒤에 가족들이 모였기에 닭과 술과 과일을 차려 조상신에게 먼저 감사의 인사를 올렸다. 종이 바친 부채 17자루 가운데 5자루는 종지의 여러 집에 보냈다. 이 역시 친척들이 아우가 아플 때 함께 근심해 준 것에 대한 감사의 마음이었다. 6월 25일에는 여러 일족과 손님을 모시고 잔치를 베풀었다. 소 한 마리와 닭 수십 마리를 잡아 손님을 접대했다. 그때 모인 일족들이 수십 명이었다. 최흥원은 둘째 아우의 구제에 힘쓴 종들에게도 고마운 마음을 전하며 음식을 나누어 먹었다.[90]

전염병은 수시로 최흥원과 그 주변 사람들에게 닥쳤고, 전염병이 돌면 일상이 여지없이 무너졌다. 전염병 예방을 위해 연말연시에 벽온단이나 벽온방을 쓰기도 했으며 신에게 정성을 바치기도 했다. 전염병이 유행하면 국가에서는 세금을 감면하거나 금지된 소의 도축도 허락해 주는 등 여러 가지 대응책을 내놓았지만, 전염병에 걸린 환자를 실제로 돌보고 치료에 관여하는 것은 가족이다.

최홍원 역시 평소에 전염병 예방을 위해 최선을 다했고, 둘째 아우가 전염병에 걸렸을 때 여러 가지 약재를 구해 치료에 정성을 다했다. 최홍원은 어려움에 처했을 때 도와주었던 이웃의 따뜻한 손길을 잊지 않았다. 이웃과의 공동체 의식을 다시 한번 확인했다. 이들에게 잔치를 열고 고마운 마음을 전했고, 함께 즐거운 시간을 보냈다. 이들은 아무 일 없었다는 듯 다시 새로운 일상으로 복귀했다.

나오는 말: 최흥원, 생활밀착형 양반 가장

남성을 부르는 호칭 가운데 하나가 '바깥양반'이다. 이는 '집 안일'에 관여하지 않거나 무관심한 이미지로 다가온다. '바깥양 반'이라는 용어는 어디에서 비롯되었을까? 그것은 사랑채 혹은 바깥채에 거주하는 남성을 가리키는 데서 비롯되었다. 조선시 대 사랑채에서 생활하던 남성은 집에서 무엇을 하며 어떻게 생 활했는지, 18세기 대구 옻골 출신의 최흥원이 50여 년간 쓴 『역 중일기』를 통해 충분히 확인할 수 있다.

조선시대 양반은 유학을 공부하는 인문학자이자 농업을 경 영하는 지주로, 국가 경영, 향촌 경영, 집안 경영의 주체가 될 수 있었다. 최흥원은 관료로 진출하지 않았고, 향촌 활동도 자 제했으며, 집안을 경영하는 가운데 수행해야 하는 가사활동에 만 충실했다. 최흥원의 집과 가족은 본인과 자녀로 이루어진 가 족, 부모와 형제로 이루어진 가족, 사촌들까지 포함되는 가족이 세 층위를 이루며 경제적으로 독립적인 부분과 공유하는 부분이 교차하는 가운데 운영되었다. 최흥원이 먹여 살려야 할 '식구'는 백여 명이었다. 그는 가장에게 부과되는 다양한 과업을 동시에 수행했고, 아우, 아들, 사촌 등이 조력자 역할을 했다.

최흥원은 학자로서 내면적 본성을 수양하고 싶은 욕망이 있었다. 그러나 평생 가족을 먹여 살리고 집의 위상을 높이는 현실적인 책임에 집중했다. 가사활동의 내용은 집의 성격과 밀접한 연관이 있다. 조선 후기 양반의 집은 생활, 공부, 농사 경영, 종교 활동, 의료 행위 등이 행해지던 곳이다. 이와 관련된 가사활동으로는 농사짓기, 음식과 의복 마련, 제사 지내기, 손님 접대, 자제 교육, 가족들의 건강 관리, 장보기, 재산 관리 등이 포함된다.

최흥원은 봄과 가을에는 농사 감독으로 바빴고, 어머니를 포함한 가족이 아플 때는 의료 지식과 의원을 동원하여 치료에 최선을 다했으며, 자제들이 과거에 합격할 수 있도록 훌륭한 선생님을 모시고, 좋은 필기구를 제공했으며, 공부할 벗과 장소를 물색해 주었다. 집안에 필요한 물건이 무엇인지 정확하게 알고 생활이 불편하지 않도록 물건 구입에도 신경 썼다. 자제들의 혼인도 아무나하고 시킬 수 없었다. 고르고 골라 영남 최고의 가문과 혼인을 성사시켰다. 이들과 경제적·정서적인 교류뿐만 아니라 지적·학문적 교류를 통해 영남 퇴계학파의 주류에 편입하기 위한 노력도 소홀하지 않았다.

최홍원이 집을 경영하고 가사활동하는 방식에서 드러나는 특징은 크게 두 가지이다. 첫째, 나눔과 호혜에 기반했다. 최홍원은 관계망을 형성한 사람들과 혼인 및 상장례를 비롯한 큰일에 도움을 주고, 일상적으로 선물과 부조를 했다. 손님 접대에도 성심껏 했으며, 일면식이 없는 어려운 사람들에게도 호의를 베풀었다. 본인이 어려움을 경험해 봤기 때문에 상대방의 어려움을 헤아리고 도움을 주었던 것이다. 나눔과 협조는 가족이 나락으로 떨어지는 것을 완화해 주는 역할을 했다. 가족 너머에 친척, 이웃 등의 공동체가 존재했으며, 이들은 정서적인 교류를 넘어 자신과 가족의 보호 장치이자 무형의 자산이었다.

둘째, 공유경제의 실현이었다. 노동에 서로 도와주는 품앗이가 있었던 것처럼 곡식, 책, 목화솜, 소나 말 등의 탈것, 혼인이나 장례에 필요한 물품 등을 빌리거나 빌려주었다. 본인이 쓰다가 불필요한 물건은 필요할 것으로 짐작되는 사람에게 파는 중고 거래도 있었다. 생활에 필요한 물건이 부족했지만, 효율적인 생존 방식을 체득했다.

질병과 죽음은 너무 가까이 있어, 최홍원은 아내와도 일찍 사별했다. 수십 년 동안 아내의 부재 속에서 안채의 여성이 담당해야 할 상당 부분의 몫을 최홍원이 메꾸어야 했다. 최홍원은 집안의 크고 작은 일에 적극적으로 관여했으며, 다양한 역할을 수행하는 생활밀착형 양반이었다. 본인과 이웃의 상호 협조와 배려 가운데 틈틈이 하는 공부와 벗들과의 교유는 최흥원의 고달픈 삶을 견디게 하는 원동력이었다. 82세로 죽을 때까지 가장의 역할을 성실하게 묵묵히 견디는 가운데 최흥원은 옻골 최씨를 영남 지역에서 명망 있는 가문으로 만들었다. 성공적인 가사활동의 결과이다. 『역중일기』는 그것의 생생한 기록이자 증거이다.

주석

1   남녀의 가사활동을 함께 조명해야 조선시대 가사활동의 성격이 분명하게 드러나겠
     지만, 여성의 가사활동은 향후의 과제로 남기겠다.

2   김성희, 「쇄미록에 나타난 16세기 가장의 역할」, 『한국가정관리학회지』 18, 2000; 박
     미해, 「조선중기 수령의 가족부양으로 본 長子의 역할과 家의 범위─오희문가의 평
     강생활(1596-1600년)을 중심으로」, 『사회와 역사』 75, 2007; 하영휘, 『양반의 사생활』,
     푸른역사, 2008; 문숙자, 『68년의 나날들, 조선의 일상사』, 너머북스, 2009; 김명자,
     「《曆中日記》를 통해 본 18세기 양반가 남성의 가사활동과 그 의미」, 『조선시대사학
     보』 95, 2020; 정창권, 『조선의 살림하는 남자들』, 돌베개, 2021 외.

3   최흥원에 대한 연구는 2000년에 들어와 본격적으로 이루어졌다. 그는 영남 남인, 학
     자, 향약을 실시한 인물로 주목받았다. 2015년 오용원이 학계에 『역중일기』를 처음
     으로 소개했다. 정진영은 『역중일기』에 대한 다수의 논문을 발표했다. 그는 최흥원
     의 경제적 기반과 특징 및 혼인, 상례, 제례 등을 비롯한 일상의례를 소개했다. 한편,
     2018년 한국국학진흥원에서 『역중일기』를 소재로 학제적 연구 포럼을 진행했다. 최
     흥원의 철학, 의례, 관계망, 옻골 마을의 운영 양상 등이 밝혀졌으며, 그 성과를 엮어
     『일기를 통해 본 18세기 대구 사림의 일상세계』(새물결, 2019)로 출판했다.

4   이에 대해서는 문숙자의 「최흥원의 《백불암일기》, 18세기 양반가의 일상과 지역사
     회에 대한 진술한 기록」(『수집사료해제집』 8, 국사편찬위원회, 2015)와 이근호의 「《曆中日記》
     의 구성과 사료적 가치」(『국역본 역중일기 1』, 한국국학진흥원, 2021)을 참고할 수 있다.

5   '선인의 일상생활, 일기' 사이트 참조(https://diary.ugyo.net/).

6   김동일, 「1713년 대구부 해동촌면 相訟과 갈등의 連鎖─옻골 경주 최씨 백불암 고문
     서의 미시사적 접근─」, 『동방학지』 193, 연세대학교 국학연구원, 2020.

7   『百弗庵先生文集』, 慶州崔氏漆溪派宗中, 1999.

8   최흥원과 이상정과의 교유에 대해서는 李在喆의 「百弗庵 崔興遠의 時代와 그의 現實
     對應」(『퇴계학과 유교문화』 29, 경북대학교 퇴계연구소, 2001)을 참고할 수 있다.

9 『국역백불암선생언행록』卷7「及門錄」.

10 같은 책, 卷1「世系, 年譜」; 1770년 2월 30일, 3월 10일.

11 1742년 11월 4일

12 1748년 4월 30일, 5월 2일, 9월 15일.

13 같은 책, 卷1, 「年譜」.

14 1750년 2월 12일.

15 1743년 11월 22일.

16 1749년 9월 7일

17 1741년 3월 29, 4월 6일.

18 정진영, 「대구 지역 한 양반가의 호적자료 검토─戶의 移居와 혈연결합을 중심으로
    ─」, 『사학연구』 98, 한국사학교육연구소, 2010, 260-262쪽.

19 정진영, 「조선 후기 호적자료를 통해 본 사노비의 존재양태─대구 경주최씨가를 중
    심으로─」, 『지방사와 지방문화』 11-1, 역사문화학회, 2008, 193쪽.

20 1755년 7월 17일, 1756년 5월 23일, 6월 10일, 6월 26일.

21 1762년 3월 18일, 12월 1일, 1763년 5월 3일.

22 1757년 9월 6일.

23 1745년 11월 29일.

24 정진영, 「부자들의 빈곤2─18세기 중반 영남 한 향촌 양반지주가의 경제생활─」, 『대
    구사학』 129, 대구사학회, 2017, 277-281쪽 참조.

25 1744년 1월 11일, 1746년 6월 11일, 1749년 2월 6일, 2월 8일.

26 1749년 9월 10일, 1750년 8월 5일, 1751년 5월 27일, 1757년 4월 18일, 5월 22일, 9월
    5일, 1758년 5월 6일, 1759년 윤6월 22일.

27 1739년 2월 29일, 3월 21일.

28 1744년 8월 1일.

29 1739년 2월 29일, 1742년 5월 5일, 745년 6월 11일, 1746년 3월 27일.

30 1742년 12월 5일, 1746년 5월 26일.

31 1741년 11월 18일, 1742년 1월 12일, 4월 1일, 5월 5일, 1746년 4월 9일, 11월 21일, 25일

32 1739년 12월 11일.

33 1739년 4월 3일, 11월 17일, 1745년 6월 28일, 1748년 9월 20일.

34 1745년 6월 29일, 1748년 2월 12일.

35 1740년 1월 21일, 23일, 1741년 5월 2일, 5월 5일, 1743년 1월 22일, 5월 7일, 8일.

36 1741년 1월 2일, 1746년 11월 25일, 1748년 4월 20일, 1750년 3월 28일, 10월 28일.

37 『大山集』卷44, 「報本齋記 癸酉」.

38 1748년 4월 20일.

39 1741년 11월 18일.

40 1744년 2월 6일, 1745년 8월 27일.

41 1739년 5월 24일, 7월 15일, 1740년 2월 21일, 1750년 6월 6일.

42 1739년 3월 23일.

43 1739년 6월 21일, 1744년 11월 18일.

44 1745년 9월 6일.

45 1741년 10월 6일, 12월 29일, 1742년 3월 27일.

46 1738년 10월 13일.

47 1750년 1월 4일.

48 1739년 3월 22일, 8월 4일, 1744년 7월 15일, 1745년 9월 5일.

49 1744년 4월 4일.

50 제례 편은 이욱의 「『역중일기』에 나타난 최흥원의 상제례 운영과 그 특징」 참조(『일기를 통해 본 18세기 대구 사림의 일상 세계』, 새물결, 2019).

51 1752년 2월 14일, 1753년 5월 23일, 1757년 5월 9일, 1758년 8월 29일.

52 『豊山柳氏世譜』, 풍산류씨족보편찬위원회, 1985.

53 1743년 11월 16일, 19일, 21일.

54 1750년 3월 21일, 4월 8일, 4월 9일, 1751년 9월 4일.

55 1743년 12월 16일.

56 1744년 6월 7일, 6월 17일.

57 1744년 6월 7일, 6월 17일.

58 1745년 9월 13일, 14일.

59 1739년 7월 22일.

60 1747년 7월 11일.

61 1775년 6월 22일.

62 1739년 9월 7일, 1744년 1월 6일.

63 1750년 12월 17일.

64 『국역백불암문집』卷6 書[寄兒].

65 『국역백불암문집』卷6 書[寄兒].

66 1748년 1월 6일.

67 1746년 6월 13일.

68 1749년 7월 30일.

69 1744년 2월 3일, 8월 25일, 1748년 1월 1일.

70 1748년 7월 12일.

71 1744년 8월 13일, 12월 10일, 1745년 1월 21일.

72 1744년 10월 21일, 1748년 1월 2일.

73 1750년 4월 5일.

74 1739년 11월 17일, 1741년 8월 11일, 1744년 4월 30일.

75 1744년 11월 20일, 1749년 12월 13일.

76 1743년 10월 10일.

77 1747년 10월 1일, 1750년 3월 2일, 4월 26일.

78 배영동, 「16-17세기 안동문화권 음식조리서의 등장 배경과 역사적 의의-《수운잡방》과 《음식디미방》의 사례-」, 『남도민속연구』 29, 남도민속학회, 2014, 159-162쪽.

79 김유 지음, 김채식 옮김, 『수운잡방』, 글항아리, 2015, 19쪽.

80 일기를 쓴 연도는 1594년(선조 27), 1596년(선조 29), 1597년(선조 30), 1604년(선조 37), 1606년(선조 39)이고, 한국국학진흥원에서 소장하고 있다.

81 『西厓集』卷17, 序, 「醫學辨證指南序」(김명자, 「임진왜란 이후 柳成龍과 그의 문인들의 의료 활동과 그 의미」, 『민족문화논총』 70, 영남대학교 민족문화연구소, 2018).

82 1745년 5월 27일.

83 1750년 6월 12일.

84 『경국대전』卷1 吏典 外官職, 卷3 禮典 生徒 ; 『예종실록』 1년 6월 29일(신사).

85 이준호, 「조선시대 기후변동이 전염병 발생에 미친 영향」, 『한국지역지리학회지』 25, 한국지역지리학회, 2019.

86 1755년 12월 24일, 1758년 1월 1일.

87 1755년 12월 29일.

88 1767년 2월 9일.

89 1737년 5월 4일, 1747년 3월 2일.

90 1747년 5월 8일, 5월 14일, 6월 25일.

참고문헌

『국역백불암문집』, 경주최씨칠계파종중, 2002.

『국역백불암선생언행록』, 경주최씨칠계파종중, 2002.

『국역 역중일기 1-7』, 한국국학진흥원, 2021.

『慶州崔氏臺巖公派譜』, 1937.

柳成龍, 『西厓集』, 성균관대학교 대동문화연구원, 1958.

李象靖, 『大山先生實紀』, 한국국학진흥원, 2012.

李象靖, 『大山日記』, 한국국학진흥원 소장.

崔興遠, 『曆中日記』, 한국국학진흥원 소장.

『豊山柳氏世譜』, 풍산류씨족보편찬위원회, 1985.

김동일, 「1713년 대구부 해동촌면 相訟과 갈등의 連鎖─옻골 경주 최씨 백
　　　불암 고문서의 미시사적 접근─」, 『동방학지』 193, 연세대학교 국학
　　　연구원, 2020.

김명자, 「임진왜란 이후 柳成龍과 그의 문인들의 의료 활동과 그 의미」, 『민
　　　족문화논총』 70, 영남대학교 민족문화연구소, 2018.

_____, 「《역중일기(曆中日記)》를 통해 본 18세기 대구 사족 최흥원의 관계
　　　망」, 『국학연구』 38, 한국국학진흥원, 2019.

_____, 「《曆中日記》를 통해 본 18세기 양반가 남성의 가사활동과 그 의
　　　미」, 『조선시대사학보』 95, 조선시대사학회, 2020.

김유 지음, 김채식 옮김, 『수운잡방』, 글항아리, 2015.

문숙자, 「최홍원의 《백불암일기》, 18세기 양반가의 일상과 지역사회에 대한 진솔한 기록」, 『수집사료해제집』 8, 국사편찬위원회, 2015.

신동원, 「이황의 의술과 퇴계 시대의 의학」, 『퇴계학논집』 6, 영남퇴계학연구원, 2010.

오용원, 「崔興遠의 《曆中日記》를 통해 본 영남선비의 일상」, 『대동한문학』 45, 대동한문학회, 2015.

이근호, 「《曆中日記》의 구성과 사료적 가치」, 『국역본 역중일기 1』, 한국국학진흥원, 2021.

이욱, 「최홍원의 《역중일기(曆中日記)》에 나타난 상 제례 운영의 특징」, 『국학연구』 38, 한국국학진흥원, 2019.

이재철, 「백불암(百弗庵) 최홍원(崔興遠)의 시대(時代)와 그의 현실대응(現實對應)」, 『한국의 철학』 29, 경북대학교 퇴계연구소, 2001.

이준호, 「조선시대 기후변동이 전염병 발생에 미친 영향」, 『한국지역지리학회지』 25, 한국지역지리학회, 2019.

정진영, 「백불암(百弗庵) 최홍원(崔興遠)의 학문(學問)과 향약(鄕約)」, 『한국의 철학』 29, 경북대학교 퇴계연구소, 2001.

_____, 「부자들의 빈곤2—18세기 중반 영남 한 향촌 양반지주가의 경제생활—」, 『大丘史學』 129, 대구사학회, 2017.

_____, 「18세기 일기자료를 통해본 사노비의 존재형태—백불암(百弗庵) 최흥원(崔興遠)의 《역중일기(曆中日記)》(1735~1786)를 중심으로—」, 『고문서연구』 53, 고문서학회, 2018.

_____, 「대구 지역 한 양반가의 일기자료를 통해 본 18세기 혼인풍속—百弗庵 崔興遠의 《曆中日記》(1735-1786)를 중심으로—」 『고문서연구』 54, 고문서학회, 2019.

_____, 「18세기 대구 지역 한 양반가의 일상의례, 喪禮와 祭禮: 百弗庵 崔

興遠의 『曆中日記』(1735-1786)를 중심으로」, 『민족문화논총』 73, 영남
대학교 민족문화연구소, 2019.

최언돈 외, 『옻골의 행장과 비문』, 백불암연구소, 2017.

한국국학진흥원 엮음, 『일기를 통해 본 18세기 대구 사림의 일상세계』, 새
물결, 2019.

'선인의 일상생활, 일기'(https://diary.ugyo.net/).